꿈꾸는 노마드

# 꿈꾸는 노마드

| | |
|---|---|
| 발행일 | 2020년 5월 29일 |

| | | | |
|---|---|---|---|
| 지은이 | 이석재 | | |
| 펴낸이 | 손형국 | | |
| 펴낸곳 | (주)북랩 | | |
| 편집인 | 선일영 | 편집 | 강대건, 최예은, 최승헌, 김경무, 이예지 |
| 디자인 | 이현수, 한수희, 김민하, 김윤주, 허지혜 | 제작 | 박기성, 황동현, 구성우, 장홍석 |
| 마케팅 | 김회란, 박진관, 장은별 | | |
| 출판등록 | 2004. 12. 1(제2012-000051호) | | |
| 주소 | 서울특별시 금천구 가산디지털 1로 168, 우림라이온스밸리 B동 B113~114호, C동 B101호 | | |
| 홈페이지 | www.book.co.kr | | |
| 전화번호 | (02)2026-5777 | 팩스 | (02)2026-5747 |

| | | | |
|---|---|---|---|
| ISBN | 979-11-6539-239-0 03320 (종이책) | 979-11-6539-240-6 05320 (전자책) | |

이 도서의 국립중앙도서관 출판예정도서목록(CIP)은 서지정보유통지원시스템 홈페이지(http://seoji.nl.go.kr)와 국가자료공동목록시스템(http://www.nl.go.kr/kolisnet)에서 이용하실 수 있습니다. (CIP제어번호: 2020021917)

**(주)북랩** 성공출판의 파트너

북랩 홈페이지와 패밀리 사이트에서 다양한 출판 솔루션을 만나 보세요!

**홈페이지** book.co.kr　•　**블로그** blog.naver.com/essaybook　•　**출판문의** book@book.co.kr

CEO 출신 관광통역안내사
이석재의 19가지 성공 비결

# 꿈꾸는 노마드

이석재 지음

북랩 book Lab

# 서언

2020년 2월 난데없는 코로나 바이러스가 한국을 엄습했습니다.

갈수록 환자가 늘어나고, 모든 게 악화일로를 달리고 있습니다.

1월, 중국에 사전 답사 다녀오자마자 중국발 폐렴이 중국, 한국, 일본뿐 아니라 중동, 유럽, 미국 등 세계적으로 빠르게 전염되고 있습니다. 이제는 세계적인 카오스로 치닫고 있습니다.

언제까지 이 불행한 사태가 계속될지는 아무도 모르겠지요. 좌우간 이 상황이 빠른 시간에 지나가기를 바라며, 이 힘든 기간 동안, 저도 저의 인생을 한번 돌아보고, 조금이나마 독자들에게 도움이 되기를 바라는 마음으로 펜을 들었습니다.

부디 이 책을 펴 보시고 가벼운 생각으로 반나절 만에 독파하신다면, 이 책이 의도하는 바라고 생각됩니다.

전체 4부 중 1부는 저의 과거와 현재, 그리고 미래를 한 번 피력해 보고, 2부에서는 지난 십 년간 투어 중 재미있는 해외 손님들의 특성 및 동선을 되새겨 보며, 3부에서는 잘 모르고 있는 한, 중, 일의 역사를 알아보고자 합니다.

　마지막 4부에서는 한국인이라면 죽기 전에 꼭 가봐야 할 한국, 중국, 일본의 답사 지역을 최소한의 비용과 일정으로 가는 방법을 제시해 보고자 합니다.

　이 책의 주요 독자는 은퇴 후 살아온 인생을 돌아보고자 하시는 분, 역사를 좋아하고 현장을 꼭 한 번 방문해 보고자 하시는 분, 뜨거운 열정으로 가이드를 해보시겠다는 분입니다. 그런 분들께 이 책을 권해드립니다.

　마지막으로 이 책을 돌아가신 부모님, 형제들, 40년간 뒷바라지를 해준 집사람, 고인이 되신 대형 안봉원 님, 대자 유봉춘 님, 다양한 방면으로 도움을 주신 가이드 여러분을 비롯한 국내외 지인들께 바칩니다.

　감사합니다.


2020년 6월 이석재

# 추천사

감사합니다.

이런 비상시기에도 끝까지 우리의 모범이 되어주시고 후
배들을 위해 책까지 출판하려고 생각하시니….

할 말이 없습니다. 그저, 감사할 뿐입니다.

-김희선(영어·중국어 관통사)

책 내용을 꼼꼼히는 못 보고 한 번 보았습니다. 너무 방대
한 내용이 있네요. 다시 한번 말씀드립니다. 정말 대단하십
니다

-최성희(잇츠코리아 대표, 일본어 관통사)

우와!

다 읽어봤습니다. 역시 대단하십니다!

살짝 슬프다가 또 공감되고… 웃으면서 잘 읽었습니다~♡

-최영희(한도연 대표, 중국어 관통사)


잘 읽어봤습니다.

너무 훌륭하신 생각입니다.

내용이 알차기도 하고, 현장이 생생히 살아 숨 쉬고….

그 어느 책자보다 공감되는 이야기입니다.

가이드를 하려는 자뿐만 아니라 모든 여행 동호인에게도

도움이 되는 내용이니 널리 전파되길 소망합니다.

-이충근(한전 근무, 중국어 관통사)

먼저 책 발간을 진심으로 축하드리며, 아울러 관광통역 안내사로서 현장을 누비면서 쌓아온 좋은 경험과 지식을 공유해주셔서 감사합니다.

관통사가 알아야 할 지식과 상식의 범위는 참으로 방대합니다. 외국인을 안내하는 일이라서 해당 언어를 능숙하게 구사해야 하는 것은 관통사의 첫째 조건이 될 것입니다. 그리고 응급상황이 발생했을 때 적절한 대처 능력이 요구됩니다. 그 외에도 한국인의 뿌리에 대해 알아야 합니다. 도대체 한국 사람들은 어떤 사람들인가? 한국인의 정서, 사고방식, 이웃 나라와의 관계, 그 역사 및 자연 관광지, 불교, 문화유산, 음식 등 공부해야 할 분야가 굉장히 많습니다.

이 선생님은 오랜 기간 관통사로서 폭넓게 공부하시고, 그 결과물인 귀중한 자료를 바탕으로 하여 외국인 관광객들과 전국을 다니시면서 경험하신 모든 것을 담아 책으로 발간하셨습니다. 이 책은 일반 독자들은 물론 후배 관통사들에게 실질적이고 유익한 업무 지침서가 될 것입니다.

다시 한번 축하드립니다.

-송정선(영문학 박사, 영어 가이드)

파란만장한 삶을 맛본 친구여!

인생은 한 편의 드라마인데, 후일에 반추해보면 멋이었다고 여겨지리니, 성공한 인생이로세!

-친우 조민제


그동안 나름 열심히 살아내시느라 정말 수고 많았네!

축하와 칭찬의 마음을 보냅니다!

-친우 정성근


볼수록 너무 흥미진진하게 읽었어요! 다채로운 인생 경험과 노력으로 재미있는 역사 지식과 유용한 정보가 담겨 있어서, 출판하게 되면 꼭 완성된 책을 구매해서 여러 번 정독하게 될 거 같습니다! 여행업계에서는 나이 어린 선배지만, 다양한 지식과 경력에서 배울 것 많은 거 같아서요.

이런 좋은 책을 출간하시는 것에 대해 정말로 감사 인사를 드립니다. 그리고 정말 축하드립니다!

-박서현(중국어 관통사)

코로나 19가 모두를 잠재우는 이때! 이석재 회장님의 책 출간 소식은 우리에게 보내는 격려이고, 희소식입니다.

평소 유익한 것은 나누기를 좋아하시는 회장님의 배려에 감사하며, 이 책이 많은 이들에게 희망의 발판이 되었으면 좋겠습니다.

책 출간을 축하합니다.

-유정복(한통협 이사, 일본어 관통사)

# 목차

서언                                5

추천사                              8


1.과거, 현재, 그리고 미래        17


2.지난 십 년간의 투어 경험      51

3. 잘 모르고 있는 역사    *85*

4. 꼭 가봐야 할 곳    *123*

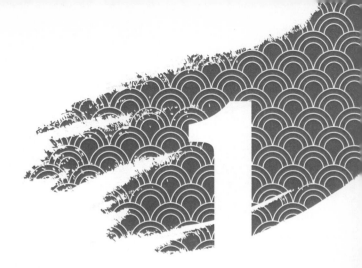

# 과거, 현재, 그리고 미래

# 1. 과거

*1*

1964년 도쿄 올림픽 때의 일들을 회상해봅니다. 그 당시 부산에서는 흑백 TV로 올림픽을 볼 수 있었지요. 물론 잘 사는 집에서나 가능했습니다. 그나마도 바람이 불거나 흐린 날이면 선명한 화면을 보기 위해 화면 조정 다이얼을 몇 번씩이나 좌우로 돌려야 했지요. 어린 나이였지만, 학교 갔다 와서 보는 일본의 실상은 놀라움 그 자체였습니다. 세계인들이 모여서 벌이는 잔치! 게다가 일본은 올림픽 강국이었습니다. 우리는 존재감도 없을 때 일본은 세계 속의 선진국이었지요.

일본 상품은 세계 최고였고, 일본제 라디오, TV, 냉장고는 선망의 대상이었습니다.

꿈꾸는 노마드

그리고 1984년, 제가 포항제철 계장이던 시절 도쿄에 연수를 갔습니다. 도쿄역은 지하 5층, 지상 3층으로 이루어져 있었고 각지에서 오가는 신칸센으로 인한 엄청난 유동인구로 숨 막힐 것 같았지요. 신칸센은 말 그대로 최첨단 기차(시속 250~300㎞)였고, 종류가 다양했으며 멋졌습니다.

고속도로도 사통팔달. 도로로 쏟아져 나오는 차들은 모든 세계인이 갖기를 원하던 것이었지요. 멋진 빌딩과 깨끗한 거리, 예의 바른 일본인. 과연 한국이 따라갈 수 있을까 하는 의구심이 들었습니다. 한국도 경제개발에 매진하던 시기였으니까요.

1985년, 포항제철은 1972년 제철소 설립 이래 불과 십년 만에 조강 생산 세계 10위에 진입하여 전 세계를 놀라게 했습니다. 70년대 초에 대일 청구권 차관으로 영일만에 첫 삽을 떴을 때는 어느 누구도 성공하리라고 생각지 못했지만, 박태준 회장의 카리스마와 임직원들의 결연한 의지를 통해 결국 실현해 냈습니다. 포항제철의 구성원 모두는 실패하면 포항 바다에 빠져 죽겠다는 애국충정으로 똘똘 뭉쳐 주말도 반납한 채 일에 매진했지요.

그리고 그 자신감으로 1985년 광양만 250만 평을 메워

일관제철소를 파격적으로 싼 가격에 완공했습니다. 박 회장님의 미래를 예견하는 선구안에 임직원들은 일사불란하게 움직였고, 세계 3위의 일관 제철소를 만들어냈습니다.

마침내 한강의 기적을 만들어 낸 것입니다.

2000년. 다시 도쿄를 방문했을 때, 일본은 더 이상 선망의 대상은 아니었습니다.

*2*

1997년의 IMF를 기억합니다.

단군 이래 엄청난 호경기를 자랑하던 한국은 순식간에 국가적 부도 위기에 내몰렸습니다. 몇 년간 일본, 미국에 시스템 수주로 확장일로에 있던 필자의 회사(시솔 테크)도 더 이상 지탱하기는 불가능했죠. 엔지니어 30명의 회사는 6개월도 못 가 부도가 났습니다. 이후 정부 보증 차입금을 갚고 신용회복을 하는데 거의 십 년이 걸렸습니다. 잘 나가던 필자의 인생이 한순간에 나락의 길로 떨어졌습니다.

지나 보니 그래도 사십 대에 망했던 것이 천만다행이었습니다.

그 당시 수천 개의 중소기업이 다 뱅크럽트 되었죠. 오늘날 한국은 대기업만 살아남은 공룡 공화국이 되었습니다. 그때 정부에서 조금만 더 배려를 했더라면, 오늘날의 수많은 실업자가 발생하지 않았을 것이라는 아쉬움도 남아 있습니다.

부동산 가격만 급등하여 열심히 수출하던 중소기업은 다 죽고, 골프만 치러 다니던 땅부자들만 영원히 케세라세라 하고 있지요.

3

1994년 3월, 세계 최고 IT 회사들과 협력 관계를 모색하러 미국의 MS(마이크로 소프트)와 일본의 소프트뱅크를 방문했습니다.

한국의 POSCO가 IT분야 자회사(현 포스코ICT)를 출범시킨다고 했을 때, 세계 일류 IT업체가 관심을 보였습니다.

시애틀의 MS 본사를 방문했을 때의 기억은 지금 생각해 봐도 너무나 새롭습니다.

너무나도 자유스러운 분위기에 캐주얼 복장을 착용한 남녀 직원이 삼삼오오 커피 브레이크를 나누며 자유로운 담소와 진지한 토론을 나누는 그런 분위기. 한국, 일본에 서는 결코 상상할 수 없는 향기로운 빵과 커피 냄새. 이런 것이 미국 기업을 세계 최고의 회사로 만드는 원동력이라 생각합니다.

그쪽 경영진들과 자유롭게 커피를 나누며 얘기를 나눌 때 청바지에 동그란 안경을 쓴 키 큰 젊은이가 나를 아 주 잘 아는 것처럼 "하이, 미스터 리." 하며 인사를 건넸습 니다. 얼떨결에 미소를 짓자 그 청년이 '한국에 한번 가보 고 싶고, 한국을 알고 싶다. 그러니 시간이 되면 얘기를 듣 고 싶다.'는 말을 해서 짧게 대화를 나누었는데, 그이가 빌 게이츠였습니다. 최고 경영자부터 일반 직원, 멀리 동양에 서 온 손님까지 자유로운 환경에서 자유롭게 의견을 나누 는 분위기를 가졌으니 세계를 선도하는 기업이 될 수밖에 없겠지요.

그날 저녁, 도쿄로 향하는 비행기에 몸을 실었습니다.

소프트 뱅크의 손정의 회장과의 점심 약속 때문이었지요. 나리타 공항에 내려 미주노에키 본사까지 전철로 갔는데, 약속 시간을 한 시간이나 넘겨 도착했습니다.

그 직후 우리는 회사 옆에 있는 식당으로 가서 돈까스를 먹으며(1인분 800엔/손 회장이 현찰로 계산) 이런저런 얘기를 나누었습니다. 기억에 남는 이야기는 "약속시간에 늦어 죄송하다.", "회사 자산이 얼마나 되느냐." 등이었는데, 손 회장은 거기에 대해 "보좌역에게 사전에 들어서 이해한다. 해외 출장 스케줄이 있었지만 내일로 연기했다.", "본인은 회사 부동산은 사본 적도 없고 향후도 매입할 계획이 없다. 임대 및 랜탈이야말로 성공할 수 있는 최고의 방법이다."라고 답했습니다.

이후 한국에서도 몇 번 만났지만, 이 작은 거인은 변함없이 십 년을 내다보고 투자한다는 사실을 오늘 회상해 봅니다.

## 4

1996년 미츠비시 상사 나가래야마 자동창고 시스템 수주를 (2,000만 엔 5man/monthx12)하여, 도쿄 신바시에 집을 빌린 뒤 엔지니어 5명을 파견해 개발에 참여했습니다. 그 당시에는 보름 비자를 받아 15일마다 왔다갔다 했습니다. 왕복 비행기 값이 직원 급여보다 더 높았습니다. 매일 밤 진도 회의를 하는데, 역시 문제는 언어였습니다. 한국에서 '갑'으로 일할 때는 영어로 해도 별 어려움이 없었는데, '을'의 입장이 되고 보니 일본어를 못하면 일의 진도가 늦어질 뿐만 아니라 상대방의 신뢰도도 떨어질 수밖에 없었지요. 거기에 요구사항도 점점 늘어나고…! 시간이 곧 돈인데, 시간을 낭비할 수밖에 없는 상황이었습니다.

저녁 열 시의 미팅이 끝나면 곧바로 일본어 열공에 들어갔습니다. 공부는 다음 날 새벽, 혹은 새벽녘까지 진행되었습니다. 그렇게 육 개월 정도 하니 천만다행으로 '오케이' 사인이 떨어졌습니다. 덕분에 일본어는 이제 지긋지긋합니다. 지금도 일본어 가이드는 존경스럽습니다. 한국어나 일본어는 하면 할수록 '아 다르고 어 다르다.'라는 말처럼 난

이도가 높아지지요. 일 년 계약이 두 달 연장되어 손해를 볼 뻔했는데, 다행히 환차익을 보는 바람에 겨우 해피엔딩으로 마쳤습니다. 밤새워 일본어 공부를 했는데 귀국하고 몽땅 반납…!

어학은 꾸준히, 끊임없이 해야 된다는 사실 다시 한번 깨달았습니다.


5


1999년 12월 말, 필리핀행 비행기에 몸을 실었습니다. 무언가 돌파구를 찾아야 했습니다. IMF 이후 제대로 되는 게 없었지요.

왜 하필 필리핀이었나?

중국, 말레이시아, 인도네시아, 베트남, 필리핀 중 언어에 자유로운 곳은 필리핀이었기 때문입니다. 게다가 적은 돈을 가지고 사업을 재건하기에는 필리핀이 딱이라 생각했지요. 2002년, 빈털터리가 되어 귀국할 때에야 비로소 후진국에서는 사업으로 성공할 확률이 낮다는 것을 깨닫게 되었습니다.

허나 많은 것을 배우고 다시 도전할 수 있는 계기가 되었기에 좋은 추억으로 간직하고 싶습니다.

필리핀에서의 사업은 중고 컴퓨터를(386, 486) 한국에서 사서 새롭게 조립한 뒤 필리핀의 학교와 각종 재단에 보급하는 것이었습니다.

또 현지 기술자의 인건비는 한국의 십 분의 일로, 한국에서 한 명 채용할 금액으로 열 명의 기술자를 채용할 수 있었습니다. 중고 봉고 두 대로 필리핀 전역(12개 도시:마닐라, 바기오, 비사야, 민다나오)에 팔았습니다. 월 300대(컨테이너 한 대 분량)를 한국에서 십만 원에 사서 이십만 원에 팔았는데 왜 돈을 못 벌었냐고요? 중고 컴퓨터는 부품 교체, 메인터넌스가 너무 많고, 외상 회수가 제대로 되지 않았기 때문입니다.

더 많은 이야기는 필리핀 투어 편에서 언급하도록 하겠습니다.

꿈꾸는 노마드

*6*

2003년 강남에 있는 한 지인으로부터 중국과 한국에 풍력사업을 전개하는데 조언해 달라는 부탁을 받았습니다. 기술은 독일회사에서, 펀딩은 한국에서, 윈드밀 사이트는 중국 울라타후치(내몽고 후아호트에서 서북으로 500㎞)와 한국 태백의 귀내미골(백두대간 옆) 등 일 년 동안 바람이 300일 이상 부는 곳이었습니다.

풍력 발전기 한 기당(40㎿) 가격은 50억 원 정도. 베이징에서 비행기로 후아호트에 도착. 그 뒤 승용차로 5시간 서북쪽으로 가니 마침내 인구 삼만의 청시에 도착했습니다. 그런데 길 옆으로 환영 인파가 줄줄이 서서 손을 흔드는 것이 아닌가요? 마치 북한에 갔을 때 미친 듯이 환호하는 그런 풍경이었습니다.

다음 날 사이트에 올라가 보니, 동서남북 끝이 안 보이는 평지에 개미 새끼 하나 안 보이는 광야였습니다.

'여기가 내몽고인가?'

그날 저녁 시장 환영 만찬회에 산처럼 나오는 음식들은 전부 염소 고기였습니다. 피가 뚝뚝 흐르는 고기를 잘라서 먹으라고 주는데 안 먹을 수도 없고… 결국 독주와 함께 들었는데, 추위서 일어나 보니 다음날 아침이었습니다.

2004년 한국에 돌아와서 삼척에 베이스캠프를 차리고 독일, 한국 기술자 두 명과 일주일에 한 번 1,500m 높이의 귀내미골에 올라 지형 및 풍향 관측을 했습니다. 나머지 숱한 시간은 술 마시고, 노래방 다니고….

그렇게 몇 달 동안 생활을 하던 어느 날, 눈이 번쩍 뜨였습니다. 내가 이렇게 살 때가 아직 아닌데!

다음날 책방에 가보니, 중국어 수필집이 눈에 띄었습니다. 제목은 『여자는 낭만을 사랑한다』.

그때부터 중국어 공부를 시작하여 아직도 매일 한 시간 이상 KBS의 중국어 방송을 듣고 있습니다. 말년 생활에 커다란 도움이 되고 있다는 건, 더 말할 나위가 없겠지요.


7


1998년 6월경. 중국 심양에 있는 조선족 지인으로부터 사업 거리가 있으니 한번 방문해 달라는 연락을 받고 부랴

꿈꾸는 노마드

부랴 달려 간 적이 있습니다.

1992년에 한중수교가 이루어졌고, 중국은 이제 막 자본주의의 맛을 보는 초기 단계였다고 생각됩니다. 그 당시 심양의 발전 상황은 1960년대의 한국 정도로, 물가는 엄청 쌌습니다. 아가씨가 있는 노래방에 가서 밤새 서너 명이 노래를 부르고 칭다오 맥주 한 박스를 마셔도 한국 돈으로 십만 원이 채 안 되었지요. 남한은 만주 동포들에게 있어 엄청난 기회의 땅이자 다시 돌아가고픈 조국이었습니다. 남한에서 온 이방인을 보고자 여기저기서 접대 미팅이 이어졌습니다.

어느 날, 심양에서 두 시간 거리에 사는 만주족의 초대를 받아 만주족의 초대 황제 누르하치의 왕릉을 방문하게 되었습니다. 왕릉은 청나라의 위대한 유산에 비하면 보잘것없는 초라한 규모였다고 생각합니다. 현판은 만주어로 적혀 있었는데, 만주어는 더 이상 사용되지 않는, 아니 잃어버린 글자였습니다.

나를 초대한 그 지방의 만주족조차 한족에 이미 동화된 지 오래였기에, 착잡한 여운을 남겼습니다. 그리고 거기서 얼마 떨어지지 않은 곳에 있는 '박씨촌'에 우연히 들렀습니다. 중국에는 기본적으로 박 씨가 없는데, 수백 호는 됨직한 집단 거주지였습니다. 그들은 한국어를 모르는 중국 사람이었는데, 왠지 오래전에 만난 고향 사람 같다는 생각이 들었습니다. 한국에 돌아온 후 도서관에 들러 만주에 관한 역사책을 찾아보니, 1636년 병자호란 때 끌려온 조선 사람들이었습니다.

그 당시 인조의 첫째 아들인 소현세자, 둘째인 봉림대군(효종)과 삼십만에 이르는 조선인이 이곳으로 끌려 왔고, 이들은 끌려온 그 조선인의 후예들이었습니다.

그걸 알게 된 나는 깊이 되새겼습니다. 나의 뿌리를 모르는 자, 역사를 제대로 모르는 자는 결코 인생과 세계를 논할 수 없다고.

8

2010년 5월 창덕궁 영어 가이드 면접시험을 보게 되었습니다. 벌써 50대 중반을 바라보는 나이인데, 별정직 공무원. 남들은 퇴직하는 나이인데 당키나 한 이야기인가 싶습니다.

같이 면접 보는 동료들은 아들, 딸뻘인 사람들. 게다가 나는 수많은 관중 앞에 서서 얘기해본 경험이 전혀 없는 문외한. 그런 내가 창덕궁과 아름다운 후원의 600년 역사와 수많은 사건, 역대 왕들의 숨결을 가감 없이 소개할 수 있을까 하는 걱정이 앞섰습니다.

허나 선배 가이드들이 하는 것을 보고, 시나리오를 만들어 암송하고 하기를 3개월. 여름, 가을, 겨울, 봄을 지나면서 30개국에서 오신 외국 손님들(아마 만 명 이상)에게 나름대로 열심히 설명하고 멋진 시나리오로 관객을 매료시킬 수 있었습니다. 팁을 주시거나 감동받았다는 메시지를 받았을 때, '아, 이래서 인생은 살만한 가치가 있는 거구나!' 하고 생각했습니다.

이런 기회를 주신 분들께 보답하는 길은 이 길을 택하고자 하는 후배님들에게 아낌없이 노하우를 전수해주고, 셰어링하는 것이라 생각합니다. 그리고 그렇게 살겠다고 다시 한번 다짐해 봅니다.

## 9

　2013년 2월 관광공사 주관 프리미엄 가이드 교육 1기 수료를 마치고 월정사 템플 스테이를 떠났습니다.

　열 명 정도 참여했는데, 차편이 마땅치 않았습니다. 해서 긴급수배를 했는데 일 년 된 스타렉스를 좋은 조건에 팔겠다는 제의가 있었습니다.

　LPG 장착 12인승 디럭스 블랙키. 마음에 들어 다음 날 인수를 하고, 기분 좋게 월정사로 출발했습니다. 그리고 일박이일 템플 스테이를 했습니다. 새벽 세 시 예불에도 참여하면서 참된 가이드의 역할에 대해서 깊이 생각해 봤습니다.

　템플 스테이를 마치고 오늘날까지 FIT 손님들에게 아름다운 한국을 보여 드릴 때 내조를 해주는 훌륭한 가족입니다. 템플 스테이를 마친 뒤에 답사를 통한 정보교류 및 나눔을 목적으로 나사답(나라를 사랑하는 답사모임)이라는 이름으로 카톡방을 만들었는데, 2019년 말 800명이 참가하는 한국 최대의 모임으로 활동하고 있습니다.

　또 가이드와 일반 여행 마니아를 위한 여사답 카페(cafe.

naver.com/nasadap)도 2017년 3월부터 운영하고 있습니다. 한국뿐만 아니라 중국, 일본의 역사·문화답사에 관한 최신 자료를 수집, 공유하고 있습니다. 여행을 사랑하는 마니아 분들이 계시다면 참여하셔서, 아름다운 한국을 돌아보고 선인들의 발자취를 따라가 보는 중국, 일본 답사에도 동참 해 보시기 바랍니다.

## 2. 현재

*1*

2020년 1월, 2박 3일로 산동성 쯔보에 다녀왔습니다.

2월 가이드 대상 중국답사(중국 오대산, 낙양, 시안, 청두에 이르는 6박 8일 일정) 점검 차 중국 에이전시를 방문했습니다.

베이징에서 청두까지는 3,000㎞.

중국 여행사 몇 곳에 타진했으나, 버스와 호텔만 어레인지해 달라고 했음에도 전부 돈이 안 된다고 난색을 표합니다. 간신히 승낙받은 데가 쯔보에 있는 로컬 여행사. 하루 동안 여사장 및 담당자와 방문할 곳을 확정하고, 그곳 청동기 박물관을 방문했습니다. 춘추전국시대의 공자, 강태공, 손자가 이 지방 출신이라 그들에 관한 자료가 많았습니다. 또한 기원전 10세기부터 기원전 3세기 진시황제가 중국을 통일할 때까지 사용된 청동기 유물이 산더미처럼 진열되어, 한번 도는데 3시간이나 걸렸습니다. 여사장은 그 당시 최고의 청동기 문명국 제나라에 대해 썰을 푸는데, 필자가 외국인인지를 아는지 모르는지 우월감을 가지고 자신들의 찬란한 문명에 대해 입에 거품까지 물어가며 설명했습니다.

필자도 엄청난 충격을 받았을 정도니, 그녀가 얼마나 열심히 설명했는지는 여러분의 상상에 맡깁니다.

한국에 돌아오니, 코로나가 중국을 휩쓸고, 한국과 일본은 물론 유럽까지 건너갔습니다.

내일을 예측 못하는 게 인간사. 그러니 하루하루를 열심히 살아야겠지요.


*2*


필자가 어릴 때 감명 깊게 읽었던 책이 생각납니다. 하인리히 슐라이만의 자서전 『트로이의 목마를 찾아』. 슐라이만은 어릴 때 '트로이의 전설'을 읽고 언젠가는 트로이

유적을 발굴하겠다는 일념으로 젊은 시절 사업을 일구었고, 엄청난 돈을 모아 50대를 넘기고 죽을 때까지의 삶을 트로이 전설을 찾기 위해 돌아다녔습니다. 그는 결국 트로이 유적을 발견해 인류사의 획을 바꾼 위대한 인간이었습니다.

지금 이 순간에도 만주 내몽고 적봉에서는 단군의 유물이 출토되고 있습니다. 저도 단군신화가 현실일 것이라는 확신을 가지고 있습니다. 죽기 전에 그곳을 꼭 한번 찾아보리라 다짐합니다.

2000년대 들어서 많은 유물이 발굴 및 출토되어 이제껏 알려졌던 역사를 뒤바꾼 사건이 여러 번 있었습니다. 이제 그런 것들도 한번 찾아볼까 합니다.

젊을 때 열심히 가족과 사회를 위해 헌신하고, 일에 몰두하신 당신! 말년에는 아름다운 한국의 산하와 옛 선조들의 발자취를 따라 우리의 뿌리를 한번 찾아봅시다.

## 3

　한국의 관광 정책과 가이드의 역할에 대해 논해볼까 합니다.

　1980년대 일본 관광객들이 한국을 방문하면서부터, 특히 88년 올림픽을 개최하면서부터 한국도 관광의 중요성을 인식하고 여러 관광 정책을 마련합니다. 1992년 중국과의 수교 이후 본격적인 인아웃바운드 관광이 시작되었습니다. 또한 일본에서도 많은 관광객이 한국을 찾아오기 시작했습니다.

　그러던 어느 날 한국은 기생 관광의 오명을 덮어쓰더니 일본인을 유치하는 관광시장은 망가지기 시작했고, 수많은 중국 관광객이 오는가 했더니 덤핑과 강제쇼핑으로 인바운드 시장이 망가지기 시작했습니다. 아웃바운더 시장도 저가격 경쟁으로 수많은 문제점을 야기하면서 오늘에 이르렀습니다. 양적인 관광 팽창 정책과 그에 따른 여행사들의 과당경쟁, 그리고 여행사 난립으로 인바운드 시장은 더 이상 버틸 수도 없는 지경에 도달했습니다.

　또 국가 공인 가이드 정책도 다시 재고해야 될 때가 된 것 같습니다. 가이드가 되어 한국을 제대로 소개하고, 한국을 찾는 손님들에게 만족감을 드리고, 다시 한국을 찾게 만드는 역할을 하는 인재 찾기가 우선되어야겠지요.

자격증만 찍어낸다고 관광 대국으로 가는 것이 아니겠지요. 국가가 자격을 인정해 주었다면 그에 따른 대우, 즉 보험이나 최저 급여, 지속적인 교육을 제공하여 제대로 한국을 알리는 민간 외교관을 양성해야 합니다.

꿈꾸는 노마드

4

가이드는 어떤 자질을 가져야 하나?

가이드는 현재 20대 청년부터 70대 어르신까지 활동하고 있습니다. 향후에는 80대 가이드도 배출되리라 생각합니다. 또 학사, 석사, 박사 등 학력에 구애받지 않고, 전공과도 연관이 없습니다. 자유롭고, 여행을 즐기고, 역사와 문화에 관심이 많고, 긍정적이며, 남을 배려하는 마음을 가진 따뜻한 사람이면 되겠지요.

허나 인바운드 가이드는 언어에 자유롭지 못합니다. 원어민 수준의 언어 수준을 유지하지 못하면 될 수 없습니다. 끊임없이 공부하고, 연구하며, 시간을 내어 답사를 다닐 수 있는 부지런한 자만이 성공할 수 있습니다.

또 경제적으로도 여유가 있어야 합니다. 가이드라는 일에만 목을 메고 가족을 부양하기에는 수입이 부족합니다. 대체적으로 일 년에 6개월 정도밖에 활동할 수 없기 때문입니다. 가이드를 해서 큰돈을 벌던, 그런 엘도라도 시절은 다시 와서도 안 되고, 오지도 않을 것입니다

## 5

　인간이 동물과 다른 이유는 사고할 수 있다는 것이겠지요. 태어나서부터 끊임없이 시행착오를 거치면서도 학습과 성찰을 통해 이기적인 성품에서 탈피하고, 주위와 공존하는 이타적인 인간이 되어 간다는 것입니다. 허나 인간은 상황에 따라 피해자가 될 수도, 가해자가 될 수도 있는 존재입니다. 때로는 악의를 행할 수도 있고, 때로는 선의를 행할 수도 있는 양면성을 가진 존재라는 것이지요.

　인간을 판단하기는 참으로 힘듭니다. 특히 돈과 관련한 이해관계에 있을 경우, 그 어려움은 상상을 초월하지요. 피를 나눈 부모, 형제는 물론 친구와 지인이 어느 순간 원수가 됩니다.

　십 년간 수많은 손님을 가이드 하다 보니, 어떤 나이대나, 국적을 막론하고, 열 명에 한 명은 또라이(블랙투어 리스트)입니다. 아니, 어느 집단이나 10%는 또라이입니다. 가이드 그룹도 마찬가지입니다. 삼성 그룹도 그럴 것입니다.

　가이드는 이런 사실을 인지하고 투어를 진행해야 됩니다.

　그룹투어 시에는 손님은 물론, 투어 리더, 기사의 상태도

체크해야 하고, 일기 변화와 동선을 고려해서 최적의 서비스를 제공해야 됩니다. 방문 사이트에 대한 풍부한 지식과 경험은 물론이지요.

더 중요한 것은 가이드의 자질입니다.

투어를 즐기고, 늘 긍정적이고, 손님들에게 최선을 다할 때 그 투어를 성공리에 마칠 수 있습니다. 물론, 그렇게 해도 클레임이 들어올 수 있습니다. 또라이를 만나면.

그럴 때는 상처 받을 수도 있습니다. 그러나 더 멋진 투어를 위해 훨훨 털어버려야겠지요!


6


가이드증의 가치는 얼마나 될까요?

천만 원? 2천만 원? 5천만 원? 일억 원?

아마 천만 원이라고 답하시는 분들도 계실 것이고, 연간 삼천만 원, 아니 재수가 좋으면 쇼핑 잘해서 일억 원 이상도 벌 수 있을 거라 생각하시는 분들도 계시겠지요.

어떤 분들은 수십 년 어학 공부하고, 사회 경험도 많이 쌓고 했으니 삼천만 원 정도는 벌 거라고 생각하실 겁니다.

시중에 불법으로 대여되는 공인중개사 자격증은 월 십만 원, 약사 자격증은 월 삼십만 원, 의사 자격증은 월 백만 원이라는 얘기가 흘러 다닙니다.

그렇다면 가이드증의 가치는 얼마나 될까요? 그것은 가이드에 따라서 다를 것입니다. 본인이 얼마나 준비를 했고, 노력을 하고, 자격증을 따고서도 끊임없이 답사를 다니고, 동료들과 경험을 나누고 연구하느냐에 따라 달라질 것입니다. 더 중요한 것은, 가이드의 마음가짐일 것입니다.

각자가 자기의 가치를 만들어가는 것이겠지요.


7


저자는 2010년 관통사(영어 가이드) 자격증을 땄습니다. 쉰이 넘은 나이로 TOEIC 860점을 받는 것은 쉬운 일이 아니지요. 친구들은 중학교 입학 전에 영어를 시작해 고등학교, 대학교 졸업 때까지만 영어를 공부했지만, 저자는 영어만큼은 원어민 수준으로 해야 하고, 또 하기를 원했기에 누구보다도 열심히 AFKN(미군 방송)과 코리아헤럴드를 꾸준히 듣고, 암기했습니다. 또한 외국인과 대화할 기회가 생기면 결코 마다하지 않았습니다. 덕분에 포항제철에 입사해서는 IT(Information Technology) 신분야에서 해외 유수 업체와의 기획, 협력, 계약 등의 키맨 역할을 했습니다. 또한 포항제철을 떠나서 IT 회사를 운영할 때도 미국, 일본, 인도, 필리핀 등지에서 수주 활동을 하며 거의 30년을 보냈습니다. 그런 저지만, 가이드로서는 가까스로 턱걸이입니다.

어학은 어느 언어든지 최소한 20년은 해야 한국을 찾는 손님들에게 자연스럽게 설명할 수 있고, 케어할 수 있습니다. 어학을 시작한 지 십 년이 안 되어 자격증을 땄다면, 십 년을 더 공부하고 손님을 맞아야 합니다. 언어가 자유롭지 못하면 아무리 역사나 상식에 능통하더라도 클레임을 받을 수 있다는 것을 알아야 됩니다.

2018년과 2019년, 관통사 마지막 면접시험에 면접관으로 참여했습니다.

다들 힘들게 공부해서 국가자격증을 취득하려고 최선을

다합니다만, 어학과 역사·문화 가이드로서의 자세와 마음가짐을 자유롭게 표현하시는 분들은 열 명 중 두세 명밖에 되지 않습니다. 자격증을 따더라도 부단히 노력하고, 답사를 다녀 각 지방의 문화유산을 자신 있게 설명할 수 있어야 하겠습니다. 또한 가끔은 중국과 일본에 답사도 다녀와 한·중·일의 연관관계도 부단히 연구해야 손님들에게 제대로 된 한국을 알릴 수 있겠지요.

<br>

## 8

존경하는 우리의 선인 세종대왕은 55세에 가셨고, 나의 죽음을 알리지 말라고 하신 이순신 장군도 54세, 살아 있었더라면 조선의 운명이 달라졌으리라 생각되는 정조 임금도 50세에 세상을 떠나셨습니다. 그뿐 아니라 사랑하던 착한 친구들 중에서도 제대로 인생을 즐겨 보지고 못하고 운명을 달리한 이가 많습니다. 오늘날 우리는 평균수명 80세인 시대를 살고 있습니다 필자도 어느덧 육십을 넘어 조만간 칠십이 될 것입니다. 선인들의 발자취에 비하면 아무것

도 아니지만, 그냥 가서는 안 되겠다는 생각이 가끔씩 들
지요. 덤으로 사는 인생, 남은 인생을 남을 위해, 후배님들
을 위해 조금은 도움이 될 만한 것을 돌려드리는 것이 저
의 의무이자 책임이 아닐까 싶습니다.

저처럼 생각하고 실천에 옮기는 분들이 적지 않지요

그래서 이 세상은 살만한 가치가 있는 게 아닐까요?

## 3. 관광수지 적자국

1980년대만 해도 한국인이 해외에 나간다는 것은 정말 힘든 일이었지요.

1992년 한중수교가 이루어진 이후, 한국인이 해외 나들이를 가는 것은 거의 일상화되었습니다. 돈과 시간만 충분하다면 누구나 한두 번쯤은 갔다 와야 자부심을 갖는 그런 사회가 되었습니다. 이제는 관광 적자국이 된 지 오래되었습니다. 즉 한국을 찾는 외국 손님들보다, 해외를 찾는 한국인이 훨씬 많아졌습니다.

견문을 넓히고, 다양한 나라와 교류한다는 것은 단군 이래 처음이자 문화선진국을 향한 대한민국의 현주소이기도 합니다. 안타까운 일이라면, 한국도 갈 곳이 많은데 다들 외국으로 나간다는 것입니다. 작은 나라이지만 경광이 수

려하고, 계절마다 경치가 다르며, 오천 년의 역사와 문화가 가는 곳마다 널려있는데 왜 굳이 해외부터 가야 하는지요!

물론 '다다익선'이지요.

그러나 나의 것부터 제대로 알고, 그다음 우리와 밀접한 역사 문화를 가진 중국 일본을 다녀보고, 그다음 미국이나 유럽, 아프리카를 가보는 게 더 낫지 않을까요? 물론, 이건 저의 의견일 뿐입니다.

"한국은 물가도 비싸고, 바가지도 많고, 제주도 2박 3일 비용으로 베트남, 타일랜드에서는 5박 6일 놀고 오는데!"

여기엔 저도 더 할 말이 없습니다.

# 4. 2020년 이후의 관광정책과
##   관통사의 역할

 

코로나19 이후에는 관광에 대한 개념이 이전과는 많이 달라지리라 봅니다. 우선 관광에 대한 차별화가 일어날 거라 봅니다. 기존의 패턴, 즉 단체관광과 FIT 모두 양적인 증가는 보이지 않을 것입니다. 먼저 항공업과 숙박, 쇼핑업에서 차별화가 선행될 것입니다. 고가인지 저가인지로 먼저 양분되고, 철저히 세분화될 것입니다.

따라서 가이드(관통사)도 전문화 및 차별화될 것입니다. 또한 손님에게 가이드 자신이 직접 홍보해야 되는 때가 도래한 듯합니다. 여행사의 의뢰를 받아 가이드를 진행하는 시기는 곧 끝나지 않을까 생각합니다. 물론 국제회의라던가 인센티브는 별개로 하더라도.

관광정책도 여행사 우선에서 개인이나 일인여행업에 대

한 지원 및 투자로 바뀔 것입니다만, 당장에 가이드의 수익에는 별 도움이 되지 않을 것입니다. 즉 앞으로 수년간은 전업 가이드로는 생계가 보장되지 않을 가능성이 매우 높다는 것입니다. 투잡을 하지 않고는 가이드라는 일을 유지하기 힘들 것입니다. 그리고 철저히 프로화, 전문화되지 않으면 더욱더 살아남기 힘들 것입니다.

이런 급작스런 변화와 환경을 빨리 깨닫고 발 빠르게 대응한다면, 오히려 전화위복이 될 수도 있을 것입니다.

# 지난 십 년간의
# 투어 경험담

그리 길지 않은 시간인데도, 십여 년간 인바운드 투어를 하다 보니 적지 않은 추억과 에피소드, 예기치 못한 사건·사고가 주마등처럼 떠오릅니다.

여기서는 필자의 지난 십 년 행보를 담아서, 여러분들과 함께 돌이켜 보고자 합니다.

투어는 크게 FIT(Foreign Independant Tour)와 단체, 혹은 그룹투어로 나뉩니다. FIT는 주로 가족이나 VIP 등 소수인 손님이 오실 때 일정표에 구애받지 않고 손님들이 원하는 곳을 효율적으로 가이드해 드리는 것이고, 단체투어는 정해진 일정표대로 투어를 진행하는 것입니다. 단체투어는 나라별 손님뿐 아니라, 기사, 리더(대장), 사진사들의 기호와 상태를 잘 파악해야 성공적으로 끝낼 수가 있습니다.

꿈꾸는 노마드

# 1. 창덕궁 시절

*1*

대부분의 일본 손님들은 창덕궁을 방문하고, 대다수의 중국 손님들은 경복궁을 방문합니다(경복궁은 기원전 5세기 주나라의 건축 양식을 따라서 지었다고 하네요).

창덕궁은 일본의 황녀 이방자 여사가 한국전쟁 이후 일본에서 돌아와 마지막 생애를 낙선재에서 보내다가 돌아가신 것으로 인해 유명하지요. 1980년대 초였습니다.

그해 순종 임금의 순정왕후 윤 씨와 덕혜옹주도 낙선재에서 생을 마감했습니다. 낙선재는 비록 화려하지는 않지만, 조선 사대부의 품격을 보여주는 클래식한 건물들입니다. 미주와 유럽 손님들이 꼭 물어보는 것이 "아직 로열패밀리가 남아있느냐? 여기에 있느냐?"입니다. 아무래도 궁전이 남아있다 보니 그런 궁금증을 많이 가집니다.

기억에 남는 것은 한 일본인 가족이 하던 말입니다.

*"일본이 한국을 침략해서 너무나 많은 민폐를 끼쳤다. 정말*
*사죄한다. 대다수의 일본인은 역사를 잘 모르지만, 자기는 잘*
*기억하고 있다. 자식들에게도 올바른 역사를 가르치고 있다."*

훌륭한 일본 지식인도 많다는 것을 우리는 잊어서 안 됩
니다.

2

아주 추웠던 겨울로 기억합니다. 1~2월은 손님들이 제일
적게 궁궐을 방문하실 때이죠. 후원은 더 춥고요.

옥류천에서 해설을 할 때였습니다.

*비류삼백척(飛流三百尺)*

*요락구천래(遙落九天來)*

간시백홍기(看是白虹起)

번성만학뢰(繁盛萬壑雷)

육십 미터(삼백 척) 떠오른 물방울이 구천(까마득한 땅끝)으로
떨어지네. 보니까 하얀 무지개가 솟아오르고, 커다란 우뢰소
리가 계곡에 가득하네.

18세기 후반 옥류천 바위 위에 새긴 숙종 임금의 오행
시를 설명하는데 싱가포르에서 온 대학생 중 한 명이 하
는 말.

"저 시는 이백의 칠언행시와 너무 비슷하다."

이백은 7세기 중국의 최고 시인인데, 표절이 분명하다고
제게 항의를 했습니다. 그 순간 저는 얼굴이 화끈 달아오
르며, 한기가 온몸을 에워쌌습니다. 숙종은 왕이 되기 위
해 태어난 인물인데 그럴 리가 없다. 하고 급히 다른 곳으
로 화제를 돌렸습니다.

투어 후, 사무실에서 이태백의 시집을 찾아보니 진짜 표
절이었네요.

그다음부터 옥류천에 갈 때는 이 시에 관한 설명은 생략하고, 숙종 임금의 러브 스토리로 분위기를 바꿔 버렸습니다.

근데 숙종 임금이 그걸 몰랐을까요?

7언을 5언으로 바꾸는 것이, 창작하는 것보다 더 어렵지 않을까요?

3

4월 초순은 매화, 앵두, 벚꽃이 만발하고, 방문객들도 엄청납니다. 해서 마이크 없이는 해설을 할 수가 없지요. 외국인 손님의 경우 영어 해설(하루 두 번) 때 백 명에서 2백 명까지도 오십니다. 후원은 며칠 전에 예약을 하지 않으면 들어갈 수도 없지요. 그 많은 손님 중 이탈리아 방송인 크리스티나와 팬클럽도 보이네요.

한 시간에 걸친 궁궐 해설이 끝나자 그녀가 던진 말.

*"Are you American?"*

*"Yes, I'm Newyorker. But my hometown is here for 600 years."*

꿈꾸는 노마드

제가 세종대왕의 형님, 효령대군의 19대손입니다.

한복을 입은 필자와 사진을 같이 찍자고 해서 점심도 못 먹고 오후 행사를 한 기억도 납니다.

*4*

궁궐 내에서 관리들이 국사를 보던 곳을 궐내각사라 하지요. 창덕궁 안쪽에도 홍문관, 규장각을 비롯하여 약방, 선원전이 2000년 이후 복원되어 공개되고 있습니다.

이 선원전 안에 역대 임금의 초상화가 전시되어 있었는데, 6·25 때 부산으로 피난을 갈 때 대부분이 불에 타버렸죠.

미국에서 오신 80대 할머니, 나중에 인사를 나눠보니 유명한 사학자이시고 '조선의 미'에 대한 책도 여러 권 쓰셨다고 합니다. 한국에 열 번도 넘게 왔는데, 창덕궁은 올 때마다 들렀다고.

요번에는 특별히 궐내각사를 열심히 보셨는데, 그 이유는 또 한 권의 책을 쓰기 위함이라고 합니다.

## 2. 미국 손님

2012년 4월에 4박 5일 일정으로 한국을 방문하신 Forbes 씨를 떠 올려 봅니다. 한국을 찾은 이유는 단 하나. 월남전 때 탔던 전함이 한국에 전시되어 있다는 사실을 알게 되어 죽기 전에 꼭 찾아보고자 함이었습니다. 그 전함은 2차대전 때 건조되어 월남전에서 사용되다, 한국 해군에 인계되어 '전북함'으로 사용되다 퇴역했습니다. 지금은 강릉 해안가의 전함 박물관에 영구 전시되어 있습니다.

19세 때 월남전에 해군 수병으로 참전한 Forbes 씨는 종전 후 4명의 미국 대통령과 인터뷰 한, 저명한 TV 방송인 및 저널리스트로 오랜 기간 활동하시다 은퇴하신, 80대 초로의 전형적인 미국 젠틀맨이었습니다.

우리는 인천공항에서 만나 인천의 맥아더 파크로 갔습니다. 한국전에는 참여하지 않았지만, 한국을 잘 아시는 분이었지요. 오히려 내가 강의를 듣는 입장이었습니다만, 예정에 없던 인천을 들러서 고맙다고 하시는 게 아닌가요!

서해안에서 동해안까지 서너 시간을 계속 달려 당신이 꿈에서 그리던 전함 앞에 도착했습니다. 해가 질 때까지 옛날의 그 기억을 돌이키면서 하시는 말씀은 이랬습니다.

> *"나는 19살까지 바다를 본 적이 없었어. 프레리 촌놈이었지.*
> *그러나 19세 이후에는 바다를 잊어본 적이 없었어."*

강릉 바닷가가 보이는 호텔에서 일박하고, 그다음 사흘은 서울에서 지난 600년의 역사적 발자취를 보셨습니다. 그리고 캄보디아로 출발하셨지요. 캄보디아 후원회에서 그분을 초청했거든요.

그리고 한 달 정도 지난 뒤, 그분께서는 자신이 집필한 자서전을 저희 집으로 보내주셨습니다. 제목은 『AN Anker in the Prairie』.

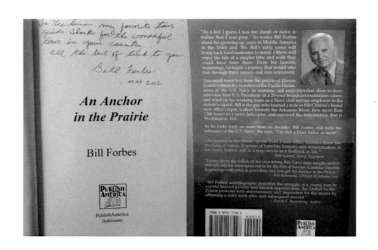

2

2017년 7월경. 샌프란시스코에서 오신 은퇴 부부 두 분을 모셨습니다.

남자분은 잉글랜드계, 여자분은 베트남 패망 후 미국으로 넘어가신 베트남계.

숙소는 소공동 롯데호텔 25층 최고급 스위트룸. 서울의 인왕산과 백악산이 북쪽으로 보이는, 아주 전망 좋은 룸이었지요. 서울에서 이틀 머문 뒤 중국 청두의 펜더 생육기

지에서 팬더와 특별면회를 하며 이틀을 보내고 돌아가신다고 했습니다. 비행기도 전 구간 일등석으로 예약되어 있다고 하셨지요.

제게 따로 요청하신 사항은, 이틀 동안 서울의 평범한 시민이 먹는 먹거리와 함께 특별한 곳을 보여달라는 것이었습니다.

그래서 생각한 것이 조선의 예술가들과 중인이 살았던 서촌, 홍건익 가옥과 통인시장, 일제강점기에 한국에서 살고 그만큼 한국을 사랑했던 앨버트 테일러의 딜쿠샹, 양화진 선교사 묘역을 둘러보고 광장시장에서 막걸리와 파전, 명동의 길거리 음식 맛보기 투어였습니다.

특별한 투어였고, 그분들이 고대하던 한국의 또 다른 모습이었습니다.


*3*


2011년에서 2013년까지, 미주 전문 여행사의 8박 9일 그룹투어의 봄·가을 시즌을 50회 정도 맡아서 했던 것 같습니다.

한 단체가 보통 20~40명 규모. 서울 강남 신세계 백화점 앞에서 미팅, 그 후 부여, 광주, 진주에서 각각 1박을 한 뒤 김해 공항에서 제주로 이동, 그리고 제주에서 2박. 다시 김해공항에 도착해 경주, 안동, 속초를 돌아 다시 강남으로 돌아와 해산하는 루트였습니다.

구성원 대부분은 미주 교포와 미국인과 결혼한 분들. 가끔은 호주, 유럽인도 섞여 있는 단체투어.

미주 교포들의 공통점은 60년대 한국이 불안하던 시기, 신천지를 찾아 떠나간 한국의 엘리트 계층이라는 점이었습니다. 대부분은 높은 언어의 장벽과 문화의 차이를 극복하지 못하고 죽기 전에 고향을 찾아온 분들이었지만, 개중에는 변호사, 회계사, 파일럿으로 성공해 현지인과 결혼해서 자식과 손자들을 이끌고 오는 여유 많은 분들도 있었지요.

가끔 열등감에서 오는 화를 참지 못해 분위기를 엉망으로 만드는 분들도 계셨고, 몸이 아파 깁스를 하고 오셔서, 진행에 어려움을 겪을 때도 있었습니다. 충주호 크루즈에서 가이드를 맡았을 때는 미국에서 갈고닦은 그룹 탱고를 선보여 좌중을 즐겁게 만들기도 했습니다.

　시애틀에서 오신 회계사 가족은 30년 만에 금의환향하셨는데, 한국이 미국보다 좋아서 돌아가기 싫다 하시며 저에게 꼭 미국에 있는 자신의 집에 놀러 오라고 봉투에 편지와 팁을 넣어주셨습니다. 모두 기억에 남지만, 그분은 특별히 더 기억에 남는군요.

　하여튼 교포 투어는 까다로운 투어 중 하나였습니다.

## 3. 무슬림 손님

　말레이시아, 보르네이, 인도네시아, 중동 손님들 대부분은 무슬림입니다(화교는 보통 기독교나 불교를 믿습니다).

　무슬림 손님들은 특별히 신경을 많이 써야 합니다. 하루 5번 메카를 향해 기도해야 하고, 기도 시간도 매번 다릅니다. 음식도 하랄 음식이 아니면 안 됩니다. 특히 육류는 반드시 하랄이어야만 합니다. 식당을 잘못 예약해서 돼지고기나 쇠고기 냄새가 나는 순간 바로 클레임이 걸릴 것입니다.

　인도네시아 손님들은 대부분 무슬림이지만, 무늬만 무슬림인 경우가 많아서 돼지고기만 아니면 그냥 넘어갑니다. 무슬림의 한 끼 식사비용은 비 무슬림에 비해 1.5~2배 정도 되고, 갈 수 있는 식당도 한정되어 있어 항상 동선과 일정에 신경을 써야 합니다. 게다가 기도장소도 많지 않기 때문에 때로는 식당이나 커피숍, 아니면 화장실 옆에서도 해야 될 때가 있습니다. 특히 봄·가을의 피크 시즌에는 더 신경을 써야 합니다. 잘못하면 본의 아니게 클레임 걸릴 수 있습니다.

대부분의 무슬림 손님은 착하고 상대방에 대한 배려심을 갖고 있지만, 한두 명 또라이들이 섞여 있으면 투어가 엉망이 될 때도 있습니다. 게다가 시간관념이 느리기 때문에 'pagi pagi(빨리빨리)' 교육을 잘 시켜야 일정에 차질이 없습니다.

*1*

2016년 가을에 온 Abdul 가족.

할아버지, 자식, 손녀 3대 8명이 쿠알라룸푸르에서 한국에 단풍 구경을 왔습니다. 말레이의 중산층(화교), 그리고 인텔리 집안은 보통 영어, 중국어, 광동어, 말레이어를 자유롭게 구사하지요. 어떤 면에서는 참 부럽습니다. 게다가 일본어까지 하는 사람도 있습니다.

그런데 손녀들이 중국어나 말레이어를 쓰면 부모들이 면박을 줍니다. 영어로 말하라고. 할아버지나 할머니는 영어가 안 되는데도 말이죠. 정확한 의도는 모르겠는데, 아마 영어로 대화를 해야 상류층 행세를 하는 것 같은 느낌이 드는 모양입니다. 가이드도 다양한 언어로 대응하려니 힘들지만, 그만큼 보람도 느껴집니다.

아주 젠틀한 3대는 단풍을 만끽하고, 한국에 좋은 인상을 받은 뒤에 돌 갔습니다.


## 2


2017년 5월에 5박 6일로 한국에 온 Aman 가족.

스케줄이 너무 빡빡했습니다.

아침 8시 출발. 아무리 빨리 진행해도 저녁 10시나 되어야 호텔에 도착.

운전하랴, 식당 찾으랴, 기도하랴… 그렇다고 가야 할 곳을 뺄 수도 없고. 게다가 항상 안전에 신경을 써야 하는데, 이 가족은 너무 느리다고 난리법석. 그런다고 화를 낼 수는 없는 일이니…. 게다가 비는 왜 이리 내리는지!

그래도 최선을 다해 전 일정을 소화하고, 멋진 가족 동영상도 만들어주고, 모두에게 수고했다는 말 듣고 샌딩!

근데 돌아가서 갑자기 컴플레인이 날아옵니다.

보고 싶은 데를 다 못 갔다고.

비 많이 온다고 자기들이 가지 않겠다 해놓고는…!


*3*


2018년 봄나들이 단체 손님들.

5박 6일 일정으로 제주도에서 2박, 설악산에서 1박, 서울에서 2박을 하게 되었습니다. 말레이 코타키나바루에서 온 순박한 시골 분들이었지요.

한국 드라마와 강남스타일에 열광하는 아줌마, 할머니들은 한국 인형과 셔츠를 동대문에서 엄청 사고, 강남 사거리에서 하루종일 촬영 삼매경이었습니다. 봄 풍경은 제대로 감상 하셨는지 모르겠네요.

　제주도의 생선구이는 너무 맛있고, 따뜻하고 이국적이라 코타보다 훨씬 좋다고 하십니다.

　하루에 5번 기도하고, 버스 안에서도 같이 기도하는 절도 있는 삶. 한국의 아줌마들도 좀 배워야 되지 않을까요?

*4*

    2013년 인도네시아에서 온 단체 손님. 12월 24일에 와서 2014년 1월 1일 출국하는 일정이었습니다.

    인도네시아 손님들은 인도네시아어로 가이드를 해야 합니다. 대부분이 영어에 익숙하지 않고, 화교들도 중국어를 하지 못하기 때문입니다. 그래서 영어를 사용하는 리더(대장)가 반드시 동행합니다.

12월 말, 제주도는 봄입니다. 동백꽃과 성산일출봉 앞 노란 유채꽃은 환상적이지요. 반면에 서울에 오면, 한겨울입니다. 엄청 추웠고, 눈도 엄청 왔습니다. 살면서 눈을 처음 보는 손님들은 말 그대로 신이 났지요.

Muhamad 씨는 첫째 부인, 둘째 부인과 메이드까지 동반해서 왔습니다. 그리고 엄청난 쇼핑을 합니다. 다른 가족의 3배는 될 것 같은 물건의 양인데 인삼, 화장품 등등 면세점을 아예 거덜 낼 기세였습니다.

가이드를 십 년 동안 하면서 이렇게 다량으로 쇼핑하는 분은 처음 봤네요. 말씀을 들어보니 돌아가면 다섯째 마누라까지 똑같이 배분해야 한다고.

5

2019년 4월 파푸아 뉴기니에서 온 가족. 인도네시아 파푸아바랏에서 4박 5일 일정으로 온 멋쟁이 세 가족입니다.

자카르타에서 파푸아 가는 것이 한국에 오는 것보다 더 힘들다고 하네요. 저도 파푸아 출신들은 처음입니다. 세

가족은 전부 아들, 딸 가족들입니다. 가족의 구성원 전원이 생각과는 다르게 세련되었네요. 가방, 옷, 구두, 머플러까지 전부 명품으로 도배하고 한국에 봄나들이 오셨는데, 파푸아 호족들이랍니다.

무슬림은 아니고요. 서울에서 먹은 삼겹살, 남이섬에서 먹은 닭갈비, 설악산에서 먹은 백숙 등 한국 음식이 너무 맛있다고 합니다. 순진하면서도 나이브하고 즐길 줄 아는 가족. 그러면서도 서로를 따뜻하게 배려하는 모습.

선입관으로 사람을 대할 일은 아니지요.

그런데 출국할 때 고맙다고 악수하면서 손바닥에 팁을 몰래 넣어 주는 것이 아닌가요!

## 4. 필리핀 손님

대부분의 필리핀 손님들은 한국에 좋은 감정을 가지고 있습니다. 한국전쟁 때 후진국을 도와줬다는 자부심도 갖고 있습니다. 필리핀이 한때는 동남아의 선진국이었는데, 부패(커럽션) 때문에 더 이상 발전하지 않는다고 이구동성이지만, 대안은 아무도 내놓지 않지요. 이대로 좋다고 생각하는 걸지도 모르겠네요.

가이드를 잘하기 위해서는 가이드할 사람들의 국가를 잘 알아야 합니다. 그래야 한국을 더 자연스럽게 알려줄 수 있고, 그것을 바탕으로 쌓은 신뢰감을 통해 손님들에게 더 큰 만족을 줄 수가 있지요.

저자는 필리핀에 3년 동안 있으면서 13개 도시를 돌아다녔습니다. 민다나오에서 Abu Sayap(반군 지도자)를 만났다는 이야기를 하면 다들 존경의 눈초리로 바라봅니다.

한국에서는 "호랑이가 온다." 하지요? 그 표현을 중국에서는 "曹曹온다."라고 하고, 필리핀에서는 "Abu Sayap 온다."하면 놀랍니다.

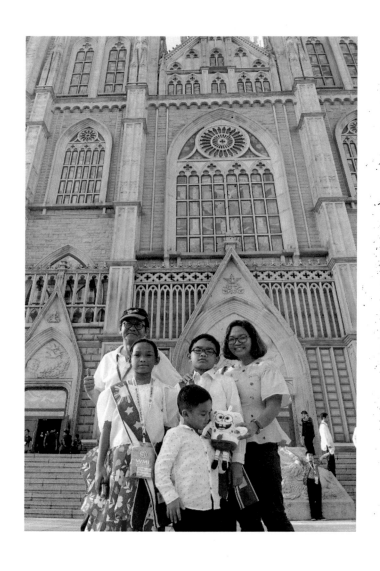

꿈꾸는 노마드

*1*

　2015년 늦가을에 4박 5일 일정으로 왔던 마닐라 케손시티 출신의 페르디난도 가족들을 그려봅니다.

　'윈터 소나타'의 아름다운 가을의 남이섬과 설악산을 보고, 무한리필 불고기와 한정식을 먹고, 동대문에서 한류 쇼핑을 즐기기 위해 온 부부와 아들 둘. 다음에는 눈 날리는 겨울에 스키 타러 다시 오겠다며, 돌아가서는 친구, 사촌들에게 소개한 후 일 년에 한두 팀씩은 꼭 보내주는 고마운 손님이기도 합니다.

*2*

　동남아 재벌들 중에는 화교들이 많습니다. 필리핀에는 100년 전 푸지엔성에서 이주해 자수성가하신 분들이죠. 주로 호텔, 골프장, 레저 관련 사업가들입니다.

　2016년 봄, 7박 8일의 일정으로 일행과 함께 봄나들이 오신 Ong 회장님도 그중 한 분이셨지요.

인천공항에서 픽업 후 설악산 콘도에서 이틀, 경주 보문단지 호텔에서 하루, 부산 해운대 비치에서 하루, 김해공항에서 제주도로 넘어가 서귀포 콘도서 2박, 그리고 서울로와서 이틀 보내고, 마닐라로 샌딩하는 일정.

3월 말, 4월 초의 한국은 정말 아름답지요. 가는 곳마다 싱그러운 봄 향기와 봄꽃, 사시사철이 여름인 필리핀과는 비교가 안 되지요.

마담 Ong은 결혼 59주년을 맞이한, 항상 미소를 흩날리는 복 많은 할머니셨습니다. 귀부인의 자태를 잃지 않은, 보기 힘든 다복한 분. 한국이 너무 좋아 결혼 60주년 봄에는 며느리, 손주, 손녀 등 20명과 함께 다시 오겠노라고 하셨는데 정말 또 찾아오셨네요.

이번에는 4박 5일로.



3



Janice 가족은 2017년 9월경에 찾아왔습니다.

필리핀에서 5명, 미국 댈라스에서 2명, 도합 7명의 여자

분이었습니다. 그렇게 시어머니, 며느리, 이모들이 한국에 모였습니다. 이들의 방한 목적은 쇼핑과 한국의 미식 맛보기.

제니스는 둘째 며느리로 필리핀에서 제법 유명한 여류화가(필리핀의 천경자)였습니다. 한국을 사랑하는 지한파이고, 상류계급 출신. 저는 그녀를 미적 감각이 엄청 뛰어난 여장부였다고 기억합니다. 그녀의 취미는 세계여행이었습니다.

출국 전날, 63빌딩에 갔습니다.

시어머니가 수족관과 한국 최고의 중화 음식을 드시겠다 해서 57층에 있는 백리향에 갔지요.

마지막으로 한국을 여행한 소감을 묻자, "한국은 연구대상이다. 어떻게 조그만 나라에서 훌륭한 예술가들을 이렇게 많이 배출했느냐?"라고 하십니다. 근데 "수족관은 별로다. 우리 집 수족관이 더 나은 것 같은데. 언제 필리핀 자기 집에 한번 와서 봐주기를 바란다."라고 하시네요.

# 4

2018년 겨울에 온 민다나오 다바오 단체팀. 다바오 바나나 회사원과 그 가족들. 한국의 눈 내리는 겨울을 보고 싶어 30명이 5년 동안이나 준비했다고 합니다.

동계올림픽 개최지인 평창에서 2박을 하면서 원 없이 눈 보고, 스키 타고, 사진 찍고… 다들 만족. 또 끼니마다 고기를 먹고 싶어 했습니다. 예산은 한정되어 있는데 말이죠.

그래도 삼겹살, 돼지갈비, 평창 한우 불고기를 원 없이 먹었습니다. 모자라는 돈은 필자가 부담했는데, 어찌 알았는지 샌딩 전에 사장이 팁 외에 별도의 봉투를 내밀었습니다.

여행 온 모두가 200% 만족해서 특별 모금을 했다나?

필리피노 대부분은 참 순진하고, 감사할 줄 아는 민족인 것 같습니다.

## 5. 유럽, 중동 손님

대체로 유럽 시니어는 단체로, 젊은 분들은 자유여행을 선호합니다.

주로 한 달 정도 일정을 잡아 일본에서 보름, 한국에서 열흘을 보내거나 한국에서 열흘, 중국 보름 정도를 보냅니다.

또, 오기 전에 동북아의 역사나 문화에 대해 많이 공부를 하고 오십니다. 먹거리에 대한 관심도 많은 편이지요.

## 1

2019년 6월, 스웨덴 시니어 여행 그룹 30명이 일본에서 보름 정도 체류한 후 한국으로 왔습니다. 한국에서의 일정은 다음과 같습니다.

서울에서 2박. KTX로 여수로 이동한 뒤 2박. 버스로 광주로 이동한 뒤 2박. 다시 KTX를 타고 경주로 이동해 양동마을 온돌 체험 1박. 버스로 경주 불국사, 석굴암 들렀다가 부산 영화제 참가하는 것으로 또 2박.

에릭(리더)은 일본어를 잘하고 한국에도 열 번 이상 온 적이 있는 여행 베테랑이었습니다. 그래서 한국 가이드를 우습게 생각하곤 했지요. 아마 이전의 로컬 가이드들이 너무 고분고분했던 것이 아닐지. 동선을 자기가 임의로 잡고, 어려운 일은 스스럼없이 시킵니다.

여수 향일함은 너무 가팔라서 70대 이상의 시니어들은 올라가기 힘든 코스였습니다. 게다가 길도 좁지요. 얼른 택시를 불러 다리가 아픈 할머니, 할아버지가 올라가게 해달랍니다. 여수 관광과의 도움을 받아 특별차량을 호출해 해결했지요.

꿈꾸는 노마드

짐도 장난이 아니었습니다. 때로는 택시로, 때로는 KTX로 이동하니 잘못하면 사고가 날 수도 있고, 잃어버릴 수도 있는 상황이었습니다.

그런데 또 끼니때마다 지방 최고의 향토 음식을 맛보게 해 달라고 합니다. 그래서 여수의 게장 한정식, 순천의 녹차 한정식, 광주의 떡갈비 정식, 영천의 전통 한정식 등 지역의 유명 식당을 돌아다녔습니다. 30명이나 되는 인원을 전부 즐기게 하는 것도 노하우지요. 그래서인지 모두 한국의 음식 세계 최고라고 칭찬이 끊이질 않습니다.

마지막 목적지인 부산에서 에릭이 하는 말.

*"사이먼 덕분에 이번 한국투어 최고였다. 사례를 하고 싶은데 예산이 부족하다. 대신 다음에 올 때 꼭 연락하겠다."*

이런 말을 듣기 때문에 이 일을 할 수 있지 않은가 싶습니다.

## 2

2013년 5월, 이스라엘에서 찾아온 단체 40명.

제주에서 2박, 부산에서 1박, 경주에서 1박, 안동에서 1박, 속초에서 1박, 서울에서 3박. 그 후 일본으로 샌딩하는 일정이었습니다.

이스라엘 손님들은 좀 특별합니다. 유대교의 율법에 따른 식사 예법 때문에 절대 한국의 식당에서 식사를 할 수 없습니다. 그래서 한 끼에 최소 3만 원 이상인 뷔페에 데려가서 자기들이 골라 먹게 해야 합니다. 제주도·서귀포 투어 중 점심 먹으러 제주시까지 가야 합니다. 덕분에 동선이 엉망이 되지요. 체류하는 십 일 동안 식사에서 자유롭지 못합니다.

경주에서는 할머니 한 분이 샤워를 하다가 넘어져 밤에 병원으로 긴급하게 호송됐고, 다음 날 아침 기차로 서울로 이동해 즉시 이스라엘로 호송하는 사건도 벌어졌습니다.

대장은 자기 손님인데도 꿈쩍하지 않고 내가 사후처리까지 다 하기를 바랍니다.

이후에도 똑같은 경험을 몇 번 더한 덕분에 이스라엘 손님은 사절하기로 했습니다.

참, 특별한 민족입니다.


*3*


2014년 7월경 이스라엘 대학생들이 찾아왔습니다.

일본을 여행한 그들은 귀국하기 전, 한국의 DMZ를 꼭 보고 돌아가고 싶다며 연락을 해왔습니다. 학생들이라 여유가 없으니 투어비를 반으로 해달라기에, 기특하다 싶어서 준비를 했지요. 소수 인원이 갈 경우 임진각에서 다른 분들과 함께 티켓을 끊고 40명을 채워야 들어갈 수 있습니다.

제3땅굴, 도라산역, 전망대를 도는 3시간 코스입니다. 학생들은 관심이 많아서인지, 한국전에 대해서도 질문을 많이 했습니다. 그중 한 명이 자기는 JSA(Joint Security Area: 군사분계선)을 보러 왔는데 왜 그곳은 가지를 않느냐고 하기에 "거기를 가려면 며칠 전에 신청을 해서 허락을 받아야 한다."라고 잘 설명해서 보냈습니다. 그런데 한 달 뒤,

그쪽 에이전시에서 클레임을 걸어왔습니다. 그들이 원하는 곳을 데리고 가지 않았다고.

역시나 이스라엘 사람들은 조심해야 합니다. 물론 다 그렇지는 않습니다. 좋은 손님들도 있습니다만, 인도나 이스라엘 손님들은 대체로 요구가 많고 의심이 많은 편입니다.

자기중심적인 사고를 가진 사람들이 많아서 각별히 신경을 써서 투어를 진행해야 합니다.

# 잘 모르고 있는 역사

# 1. 창덕궁

*1*

창덕궁은 1405년 경복궁이 설립되고, 10년 뒤에 별궁으로 지어졌고, 임진왜란 이후 재건되어 마지막 임금인 순종까지 조선 왕들이 머문 거처이자 조선의 역사가 고스란히 보관된 곳입니다. 또 후원에는 300년이 넘은 향나무, 뽕나무, 선비 나무 등 고목들이 아직도 꽃을 피우고 있지요. 봄, 가을, 겨울에는 서울 시내에서 힐링할 수 있는 최고의 명당이기도 합니다.

1910년 한일합방 조약이 대조전에서 이루어지고, 창덕궁은 일본국의 유희장으로 바뀌었습니다. 또 낙선재 윗건물(승화루)은 일본 경찰서로 사용되었지요. 인정전 바닥은 잔디를 심어서 일본 고관들의 파티장으로 전용되었죠. 인정

꿈꾸는 노마드

전 지붕에는 조선 왕가를 나타내는 오얏 문장을 새겼습니다. 아직도 그대로 있어 안타깝지만, 언젠가는 경복궁 근정전처럼 박석이 깔리고, 오얏 문장이 제거되기를 바랍니다. 그리고 시멘트로 만든 길(입구부터 후원 일주길)도 원래대로의 모랫길로 바뀌어야 되겠지요.

창덕궁이 유네스코 유산으로 지정된 이유 중 하나는 조선의 5대 궁궐 중 원형이 가장 잘 보전된 곳이기 때문이라고 합니다만, 시급히 원래의 모습대로 재건되었으면 합니다.

희정당과 대조전은 큰 회랑으로 연결되어 있고, 오래전부터 경회루처럼 예약 입장을 준비하고 있었습니다. 그런데 예산 부족으로 아직 시행되고 있지 않아 아쉽습니다.

창덕궁 대조전 뒤뜰은 경복궁 교태전, 아미산과 더불어 궁궐 내에서 제일 아름다운 곳입니다. 특히 봄과 가을은 꼭 들러 보시기를 바랍니다 .

일본 관광객들이 창덕궁을 꼭 들리는 이유가 있지요. 정략결혼의 희생자 이방자 여사가 여생을 보내고 간 낙선재를 들르기 위해서죠. 창덕궁 끝자락에 위치한 평범하면서도 평범하지 않은, 채색도 하지 않았지만 로열패밀리의 숨결을 느낄 수 있는 멋진 저택. 원래는 조선 초기 태종의 저택이 있던 자리. 헌종이 사랑하는 여자를 위해 지었던, 결코 놓칠 수 없는 방문지입니다.

## 2

창덕궁 후원 입구(보춘정)로 가다 보면 홍매화가 있습니다. 1830년에 그려진 동궐도를 보면, 빨갛게 핀 매화를 볼 수 있습니다. 정조 임금의 처소 앞 입구이지요. 자그마한 언덕을 넘으면 산 위에 2층 누각이 보이고, 앞에는 연꽃이 활짝 핀 연못이 보이며, 그 근처에 멋진 정자가 있습니다. 바로 부용지와 부용정이지요. 정조 임금이 연못에서 신하들과 막걸리를 나누며 시를 짓고, 나룻배를 띄워 낚시하는 모습이 상상이 됩니까?

그 앞 영화당 넓은 뜰에는 장용영의 무술 훈련이 행해지

꿈꾸는 노마드

고, 무과시험도 치러졌습니다. 그 뒤 애련지 앞에 조그만 건물, 의두합이 있습니다.

예술을 사랑하고 정재무 20곡을 작곡했던 효명세자의 일인 창작방.

22살에 요절한 그는 할아버지인 정조를 빼다 박은 천재 세자로, 연경당에서 아버지(순조)와 어머니를 위해 피로연을 열었던 효자였습니다. 10년만 더 대리청정을 했더라면, 조선의 역사는 달라졌으리라 여겨지기도 하지요.

부모를 위해 지은 연경당은 후원 내에 103칸짜리 양반집을 흉내 내어 만들었는데, 겸손한 왕가의 품격을 보여주는 걸작입니다.

애련지에서 한참을 올라가다 보면 주위에 많이 보이는 굴참나무와 자그마한 집 하나. 17세기 세계적인 기근의 시대 숙종임금은 도토리 열매를 수확해 궁궐 밖에서 굶주리던 백성들에게 나눠주고 손수 목욕재계하고 기우제를 지냈습니다.

궁궐 가장 먼 곳에 옥류천이 졸졸 흐릅니다. 자그마한 바위산 밑으로는 폭포가 떨어지죠. 바위산자락에는 인조가 직접 썼다는 '옥류천'이, 그리고 그 밑에 숙종의 오언행

시가 보입니다.

飛流三百尺
揺落九千來
看是白紅起
繁盛萬壑雷.

　왕이 되기 위해 태어난 숙종의 호방함이 보이는 것 같
네요.

## 2. 신라

*1*

삼국사기와 삼국유사에 의하면 전설 속 김알지의 7대손 미추이사금이 신라 김 씨 왕가의 첫 임금이고, 마지막 56대 경순왕까지 김 씨가 신라를 지배한 것으로 나타나 있습니다.

그런데 십 년 전, 경주 김씨 문중을 뒤흔드는 일이 일어났습니다. 지금은 경주 박물관에 전시되어 있는 문무왕의 비석이 발견된 것이지요.

그 비문의 내용을 보니, "우리는 투후의 후손이다."라고 적혀 있었습니다. 한서에 보면 투후는 기원전 3세기 한무제 때 흉노족의 유력자 김일제라고 기술되어 있습니다. 김일제가 일족을 이끌고 산동성에 정착을 했고, 그 후손이 일족을 데리고 1세기경 신라로 왔다는 것입니다. 허나 경주 김씨 문중은 아직도 이를 인정하지 않고 있지요.

추사 김정희도 경주 김씨 출신인데, 19세기 말 이 사실을 알고 있었다는 기록이 있습니다. 추사도 너무 놀랐기에 감히 그런 이야기를 그 시대에 할 수 없을 따름이었겠지요.

십 년 전 중국 호와호트(내몽고의 수도)에 가서 직접 김일제의 동상을 보고서 정말 놀랐고, '알아야 할 것이 정말 많구나. 오래 살아야겠다.'라는 생각을 다시 하게 됐습니다.

우리가 오랑캐라고 하던 흉노족은 그 당시 높은 문명을 가진 기마민족이었고, 신라에서 찬란한 문명을 꽃피웠던 것입니다.


*2*


아무래도, 실크로드의 동쪽 끝은 경주였던 것 같습니다.

이십 년 정도 전에 경주 첨성대 옆길을 보수하던 중, 그리 크지 않은 신라 무덤에서 많은 출토품이 나왔는데, 그 중에는 금으로 만든 단검과 유리 목걸이(가운데는 사람이 새겨져 있음)가 나왔습니다. 분명히 신라에서 만든 건 아니어서 전 세계의 내로라하는 학자들이 어디서 온 것인지를 규명하려고 나섰는데, 알아내는 데 거의 3년이나 걸렸습니다. 규명 결과, 금으로 만든 단검은 흑해 연안에서 만들어져 실크로드를 따라 시안을 거쳐서 경주까지 왔고, 유리 목걸이는 인도네시아의 어느 외딴섬에서 해상으로 경주까지 왔던 것이었습니다. 그렇게 1,700년 전에 신라는 전 세계와 교역을 했다는 것이 증명되었고, 실크로드의 동쪽 끝은 신라라는 사실이 밝혀졌습니다. 해당 유물은 경주 박물관에 진열되어 있습니다.

더 놀라운 것은, 일본의 나라 지방에서도 서방 유물이 얼마 전에 출토되었다는 것입니다. 당연히 일본에서는 실크로드의 끝이 나라라고 하겠지요. 뭐, 맞는 말입니다만,

제가 생각건대, 그 당시 나라 지방의 실력자와 왕족들은 백제에서 온 도래인이었지요. 즉 한반도를 거쳐 일본까지도 그 당시 교역이 활발히 이루어졌다는 것을 알 수 있습니다.

*3*

인도에서 기원전 6세기경 출현한 불교는 1세기경 중동을 거쳐 중국에 수입되었고, 4세기경 한반도에 전래된 것이라 여러 문헌들에 기술되어 있습니다. 인도에서 시작된 불교가 한반도에 들어오기까지는 거의 천년이 걸린 것이지요.

그렇게 들어온 불교가 1,700년 동안 한국인의 신앙, 문화, 정치, 사고방식에 절대적인 영향을 미쳤다는 것은 누구나 잘 알고 있습니다. 한국인은 사실 불교 DNA를 물려받았다고 해도 과언이 아닙니다.

한국의 유명한 사찰을 방문해보면 아도화상, 자장율사, 의상대사, 원효대사가 건립한 절이 80% 이상입니다. 이분들의 사상과 믿음이 한국인의 사상에 뿌리깊게 박혀 있지요.

아도화상은 4세기 고구려 사람으로 한국 최초의 사찰인 강화도 전등사와 신라 최초의 절 구미 도리사, 김천 직지사, 금강산 끝자락의 고성 건봉사를 창건하신 분이죠.

통일신라가 되기 전(640년경), 신라의 왕족이던 자장은 중국 산서성 오대산(중국 4대 성지:문수보살 성지)에 가서 수행을 한 후 부처님 전신사리를 가지고 돌아와서 한반도 5대 적멸보궁(양산 통도사, 오대산 상원사, 영월 법흥사, 설악산 봉정암, 태백산 정암사)를 조성하였고, 경주 황룡사 9층 목탑(고려시기 몽고군 침입 때 소실)도 직접 만들었습니다.

통일 후 의상대사는 절강성 보타산(중국 4대 성지:해수관음보살 성지)을 방문하고 귀국한 후 동해 낙산사, 영주 부석사, 부산 범어사, 구례 화엄사 등 한국에서 매우 아름다운 절이라 불리는 사찰의 대부분을 설계하신 분이었습니다.

원효대사는 중국 가는 길에 깨달음을 얻어 경주 분황사, 기림사, 골굴사, 남해 보리암, 여수 향일암 등 그림 같은 사찰을 창건했지요.

신라의 왕자 김교각 스님은 당나라 때 안후이성 구화산(중국 4대 성지:자장보살 성지)에 가서 수련하여 깨달음을 얻고 등신불로 열반해 지금도 지장보살의 화신으로 칭송받고 있습니다.

혜초스님은 중국 남방 광저우에서 배를 타고 남방 해로로 인도 천축국(부처님 나신 곳)을 보고, 지금의 파키스탄과 이란을 거쳐 시안의 대흥선사에서 세계 3대 순례기 중 하나로 평가받는 『왕오천축국전』을 완성하고, 시안에서 북서

쪽으로 1,500㎞ 떨어진 둔황석굴에 남겨두었습니다. 그것은 프랑스인에 의해 19세기 말에 발견되어 세상에 알려졌지요.

혜초스님은 말년에 우타이산에서 수행하시다가 열반하셨습니다

이처럼 우리 신라의 고승분들은 정말 자랑스러운 분들입니다. 참 대단하시고, 자랑스런 선인들이시지요. 그 옛날, 육 개월, 일 년, 십 년을 걸어서 신앙을 증거하고, 돌아와서는 찬란한 유물을 남겨 주신 선인들.

우리는 당신들의 후손입니다.

# 3. 백제

*1*

현존하는 책 중 삼국시대의 역사, 문화를 상세히 기술해 놓은 것은 7세기에 적힌 『일본서기』밖에 없습니다.

4세기 근초고왕은 고구려 수도 평양에서 고국원왕을 죽이고, 백제의 최고 전성기를 알렸습니다(고구려의 전성기: 광개토왕, 신라의 전성기: 진흥왕).

중국 송서에 의하면 요서(지금의 톈진 부근) 지방도 백제의 땅이었다고 기술되어 있습니다. 현재 일본 최고의 국보인 칠지도를 보내기도 했지요. 여러 설이 있지만, 그때부터 백제와 일본은 밀접한 관계에 있었다고 보입니다. 1971년 공주 송산리에서 '백제 사마왕의 능'이라는 명문이 있는 무령왕과 왕비의 온전한 형태의 무덤이 발견되어 우리나라

뿐 아니라 일본에도 엄청난 충격을 주었지요. 이는 이집트 투탕카멘의 무덤을 발굴한 것에 버금간다 할 수 있겠지요. 일본서기에는 무령왕은 개로왕의 동생인 곤지 왕자의 첫째 아들이고, 셋째 아들이 일본의 댄무 천왕이라 기술되어 있습니다. 또 무령왕의 아들인 성왕의 셋째 아들 임성태자(りんしおうたいつ)는 일본에 건너가 철강 기술 및 선진 기술을 전해주며 오사카 지방의 유력자가 되었고, 그 자손은 오우치가 최고 다이묘로 야마구치 지방에 대대(45대손)로 살고 있습니다. 성왕의 첫째 아들은 위덕왕(창왕)으로, 아버지인 성왕이 신라 장수에게 잡혀 목을 잘린 탓에 시체도 찾지 못하자 효심이 지극한 그는 중이 되겠다고 했지요. 그가 아버지를 위해 창건한 송산리 절터로 추정되는 곳에서 백제 최고의 걸작인 백제금동대향로가 발견되었지요. 법륭사(ほうりうじ)를 창건한 쇼토쿠 태자의 초상화를 그린 백제의 아좌 태자는 창왕의 첫째 아들로 기록되어 있습니다 .

그 외에도 백제의 왕자들과 왕족 다수가 일본으로 건너가 선진문물을 전해주고 일본의 유력 세력으로 자리 잡아 아직도 백제의 후손임을 떳떳이 밝히고 있죠. 660년, 의자왕과 그 일족은 당나라의 수도인 낙양으로 끌려갑니다. 중국의 왕후장상이 죽어서 묻히는 게 소원이라는 북망산. 거기서 의자왕의 무덤과 친위대장 예가의 명문이 발견되어 낙양 박물관에 전시되어 있습니다.

*2*

일본의 왕가와 백제의 사이는 굉장히 돈독했습니다. 그래서 663년 백제가 망하고 나자 일본의 왕가는 삼만이라는 대규모 군대를 후쿠오카 하카다항에 집결시켜 백제로 보냈지요.

그들은 백제 부흥군과 지금의 금강 초입인 백강에서 나당연합군과 아시아 최초의 국제 전쟁을 치렀다고 합니다. 일본서기에 기술되어 있는 내용이지요.

결과적으로 일본 함선 400척이 불에 타버렸고, 신라가 한반도를 통일하는 계기가 되었지요. 어떻게 그 당시 일본은 삼사만 명의 군사를 태운 대규모 함대를 보낼 수 있었을까요? 위에서도 언급했듯이 일본 왕가와 지방의 세력가는 거의 백제에서 온 로열패밀리였습니다. 피를 나눈 くたら(백제) 형제국이었기에 가능했던 것이지요.

# 4. 조선

*1*

조선왕조실록에는 태종 때부터 조선 순조 때까지 총 20
회, 임진왜란 전까지 8회, 임진왜란 후 12회 조선통신사를
보낸 것으로 기록되어 있습니다.

임진왜란 이후 양국 화해 및 교류가 본격적으로 시작됩
니다. 한 번 보내는데 300~500명이 서울에서 출발해 부산
에서 배를 타고 대마도~시모노세키~나토세이카이~오사카
(교토)~나고야~에도까지 가는, 6개월에서 일 년이 걸리는
여정이었습니다. 지금도 이 길을 따라 가보면 당시의 흔적
이 많이 남아 있습니다. 당시의 기록도 많이 남아 있지요.
1719년 수행원으로 발탁된 39세의 문인 신유한의 글은 다
음과 같습니다.

"나라에서 통신사를 파견한다는 명이 내려진 후, 내가 글재주가 있다고 제술관의 직책을 맡기려 했다. 나는 어머니가 늙으셨고 집이 가난하다고 사양도 해보고, 여러 핑계를 대었지만 들어주지 않았다. 조정에서 하직 인사와 송별식을 마치고 부산에서 집결, 떠나기 전에 무사 귀환을 비는 해신제를 올렸다. 그리고 대마도에 선단이 도착하면 통신사 500명이 배 3척에 나누어 타고, 나머지 3척에는 식량 등을 싣고 떠났다. 가기 전에는 '원수의 나라', '섬 오랑캐'라는 적대감이 강했으나, 실제로 보니 법령이 준엄했고 질서를 잘 지키는 백성이었다."

강홍중의 글에는 다음과 같이 적혀 있습니다.

"시장에는 물화가 산더미같이 쌓였으며 백성들의 살림집에는 곡식이 늘어서 있으니, 백성의 부유함과 풍성함이 우리와 비교가 안 되었다."

임란 후 조선통신사의 가장 큰 임무는 포로들을 데려오

는 것이었습니다. 당시 끌려간 포로는 약 7~10만 정도 되는데, 데려온 포로는 7~8,000명이었죠. 정작 피로인들은 조국으로 돌아가는 것을 거부했다고 합니다.

오사카를 본 김인겸의 글은 이렇습니다.

> "수많은 집이 기와집이다. 굉장하다. 부자의 집은 조선 최고 권세가 저택의 열 배 이상 넓이로, 구리 기둥의 내부는 황금으로 장식되어 있다. 이런 사치는 가희 비정상적이다. 도시의 크기는 100리(약 40㎞) 정도로 모두가 번영하고 있었다. 믿을 수가 없다. 북경의 번영도 오사카에는 비교가 안 된다. 아, 금수와 같은 인간들이 이토록 평화롭게 번영하고 있다니 원망스럽도다."

그 당시 에도는 인구만 백만이 넘는 세계 최고의 도시였다고 합니다.

꿈꾸는 노마드

*2*

유네스코 문화재로 지정된 조선왕릉 42곳 중 개성에 있는 2곳을 제외하고 40기는 대부분 도성 사대문에서 백 리(약 40㎞) 이내에 조성되어 있습니다. 영월 단종릉 정도만 예외라 할 수 있지요.

그중 서울 동북쪽에 조성되어 일곱 분의 임금과 열 분의 왕비, 후비가 잠들어 있는 곳은 1408년 태조로부터 1848년 헌종이 9번째로 묻혀 있어 '동구릉'으로 불립니다. 풍수학적으로 이상적인 위치에 있고, 명나라 때 온 사신도 조선에 이런 명당이 있냐고 부러워했다는 일화도 있습니다. 그중 최고의 자리는 태조의 건원릉과 헌종의 경릉이라고 말합니다. 조선의 임금 중 풍수에 뛰어났던 분은 태종, 세종, 세조와 정조 임금이었습니다.

태종이 아버지의 능을 가장 좋은 자리에 세웠고, 당신의 소망대로 억새풀로 능을 조성하였지요. 세종은 자신의 의사로 아버지 태종의 능 옆에 묻혔지만, 물이 차올라 세조 때 여주에 있는 한반도 최고의 명당으로 이장했습니다. 세조는 남양주 광릉에 묻혔는데, 태조의 명당 기를 막아 이후 조선 500년 동안 자기 후손으로 왕실을 채웠다는 풍수설이 있습니다. 또한 형님인 문종의 능은 동구릉의 가장 나쁜 자리에 조성했다고도 합니다. 정조는 할아버지 영조의 능을 효종의 파묘자리로 조성하여 아버지 사도세자의 원수를 갚았다는 풍수설도 있습니다.

효종의 능은 이장하여 여주 세종릉 옆에 있습니다. 또한 화성의 융릉(사도세자와 어머니)과 건릉(본인)도 여주의 영릉 못지않은 명당이라 전해집니다.

위의 얘기들이 다 근거가 없지는 않은 것 같습니다. 특히 풍수에 관심이 있는 손님들에게 스토리텔링 해주시면 그분들이 더 큰 흥미를 느끼겠지요.

3

최부는 1488년(성종 19년) 제주도에서 부친상 소식을 듣고 급히 고향인 나주로 귀향하다 풍랑을 만나 표류하여 중국 남방 닝보 근처에 구사일생으로 도착했습니다. 그렇게 구사일생한 그는 6개월 간 운하로 베이징까지 이동한 후 걸어서 서울까지 이동했습니다. 2,000㎞의 거리를 이동해 고향으로 돌아온 것이지요. 조선으로 돌아온 그는 임금의 부름을 받고 표류기를 썼습니다. 그 당시 조선인이 북경 이남, 특히 강남 지방을 여행하는 경우는 거의 없었기 때문입니다.

명나라가 정화의 대장정 이후 대외활동이 뚝 끊겨버렸다는 것은 역사의 미스터리인데, 조선 역시 은둔의 국가였지요.

최부의 표류기에는 각각의 도시에 대한 내용이 적혀 있습니다.

항조우에서는 "외국에서 들어온 배들이 늘어서 있고, 거기에는 금과 은이 넘친다. 사람들의 노랫소리가 곳곳마다 가득하다."라고 적었고, 수조우를 지날 때는 "경치가 참 뛰어나다. 운하가 잘 발달해 물자가 모여든다. 중국 동남 제일의 도시답다."라고 적었습니다.

베이징에서는 황제를 알현하고, 같이 간 43명의 무사 귀환을 위해 노력한 그는 조선인의 선비로 추앙받았다 합니다. 최부는 서거정과 함께 동국통감, 동국여지승람을 집필

한 당대 학자이자 대표 문인이기도 했습니다.

귀국 후 성종의 요청으로 표류기를 썼는데, 이는 안타깝게도 갑자사화 때 처형당하는 빌미가 되었습니다. 최부가 쓴 『표해록』은 일본 승려 엔닌의 『입당구법 순례여행기』, 마르코 폴로의 『동방견문록』과 더불어 세계 3대 중국기행문으로 손꼽히고 있습니다.

## 4

어학의 천재라 불린 신숙주는 21세에 과거에 급제하여 세조 때부터 성종 때까지 최고의 관직인 영의정을 지내고, 부와 명예를 다 거머쥔 사람입니다. 태종 때는 대마도와 일본을 방문하고, 멀리 류큐(지금의 오키나와)까지 다녀와서 일본과 해외에서도 그 가치를 인정받은 『해동제국기』를 서술했고, 세종 때는 만주와 중국을 드나들었습니다.

또한 세종을 도와 훈민정음을 반포하는데 큰 업적을 쌓기도 했죠. 그는 중국을 수차례 드나들며 신하이자 학자로서 자료의 수집. 분석, 정리, 언어의 비교 및 정리 등 음지에서 묵묵히 자신의 일을 행함으로써 한글이 탄생하는 계기를 마련하지 않았나 생각합니다. 한국 5천 년사에 중국어, 만주어, 여진어, 몽고어, 일본어를 자유자재로 구사했던 언어의 천재는 신숙주 한사람이었습니다.

일제 강점기 이래 민족사관론자들은 그를 사육신의 행적에 반하는 속칭 '숙주나물'로 비하해왔지만, 만일 그때 사육신과 뜻을 같이했다면 오늘날 그의 업적은 남아 있지 않았을 것입니다. 또한 그의 2인자로서의 처세술은 중국의 주은래나 일본의 도요토미 히데요시에 비교해도 손색이 없는 것 같습니다.

예스맨이자 일인자의 잘못까지도 자신의 책임으로 돌리며 위기를 해결해 나간 사례는 기회주의자라는 평가를 받아 흠집으로 남아 있지만, 오늘날 한국이 지향하는 최고의 인물이 아닐까 생각해봅니다.


5


우리가 늘 접하는 서울의 지명에 대해 한번 살펴볼까 합니다.

'모래내'는 세검정의 맑은 냇물이 홍제원에 들어오는데, 모래가 많아서 물이 늘 모래 밑으로 스며들어 내려가므로 모래내 또는 사천으로 불리게 되었다고 합니다.

'청계천'은 북악과 인왕산에서 출원하여 서울 중심부를 지나 동쪽으로 흘러가 중랑포와 합하여 한강으로 들어가는 하천입니다. 장마철에는 자주 범람해 인가에 피해를 많이 입히는 탓에 1760년 영조 임금이 20만 명을 동원, 준천 사업을 벌여 그 모래로 가산을 만들었는데, 그곳이 바로 현재의 방산시장 일대이지요.

은평구 갈현동의 '박석고개'는 풍수적 관점에서 서오릉으로 연결되는 산줄기의 목이 되는데, 높이가 너무 낮아 더 이상 꺾이지 않도록 박석을 깔았기 때문에 붙인 이름입니다.

'배오개'는 종로구 인의동 숲이 울창하여 백 명의 사람이 모여야 지나갈 수 있어 백고개라 하다가 시간이 지나면서 배고개, 배오개로 변했다고 전해집니다.

'백운동'은 현재 종로구 청운동에 소속된 마을 중 하나의 이름으로, 골이 그윽하고 수석이 아름다워 서울에서 경치 좋기로 첫째로 꼽혔다고 합니다. 필운대의 살구꽃, 탕춘대의 수석, 홍인문 밖의 버들이라 하여 옛사람들의 놀이터로 유명했다고 합니다. 백운동 다음으로 경치가 좋은 곳이 삼청동, 그다음이 인왕동이었다고 하네요.

'왕십리'는 무학대사가 도읍을 정할 때 어느 노인이 "여기서 십 리를 더 가서 궁터를 잡아라."라고 했다 하여 왕십리가 되었다 합니다.

'장승배기'는 정조가 아버지 사도세자를 참배하러 가면서 이곳에 장승을 세웠다 하여 장승배기로 불리게 되었다 하고요.

'소공동'은 태종의 둘째 딸 경정공주의 집이 있어 작은 공주가 있는 골이라 하던 곳을 한자명으로 표기한 데서 유래되었다 합니다.

'을지로'의 경우, 조선시대에는 구리개라 불렀다고 합니다. 1946년에 고구려 을지문덕 장군의 성씨를 따라 개명했다고 하며, 일제 강점기 시기에는 중국인들이 많이 살았다 합니다.

'충무로'는 1946년 이순신 장군의 호를 따라 개명했습니다. 이곳은 일제 강점기 일본인의 주거지역이었습니다.

'퇴계로'는 조선조 유학자 이황의 호에서 유래했습니다. 역시 1946년 개명했지요.

'송파구 잠실동'은 조선시대 뽕나무밭을 대규모로 조성하고 직조를 위한 잠실을 구성했는데, 그 규모가 100만 평 이상이었다고 합니다. '잠실'이라는 이름도 이 때문에 유래했지요. 이렇게 뽕나무를 울창하게 조성했던 이유는 농업만큼이나 직조업을 중요시했기 때문이었습니다. 당시 옷감은 옷을 지어 세금으로 납부하고 남은 옷감은 화폐처럼 사용했다고 합니다.

'서초구 잠원동'도 원래 잠실과 한 몸이었습니다. 잠원동도 뽕나무와 누에로 가득했습니다. 다만 구획을 분리하면서 잠실과 중복된 이름을 피하기 위해 잠실의 '잠'과 인근 신원리의 '원'자를 따서 지었다 합니다.

'압구정'은 '갈매기와 친하게 지낸 정자'라는 뜻인데, 조선조 한명회의 호이기도 하지요. 한명회는 말년에 이곳에 정자를 짓고 자신의 호를 붙였습니다. 압구정은 한강 줄기를 낀 언덕 위에 세워졌으며, 당시 압구정에 앉아 먼 곳을 바라보면 한양 일대가 다 눈에 들어올 정도였다고 합니다.

'강남구 논현동'은 고개 '현(峴)'자를 쓰는데, 풀어보면 '논 고개'라는 뜻입니다. 과거에는 경사가 가파른 높은 고개가 있었고 그 주변으로 논과 밭이 펼쳐져 있었습니다.

꿈꾸는 노마드

'개포동'은 옛 개포동 마을 앞의 양재천 갯벌에서 유래했다고 합니다. 이 지역을 개펄이라 부르다가 이후 한자인 개포로 변한 것입니다.

'삼성동'은 세 개의 마을이 합쳐졌다는 데서 앞에 '삼(三)'이 붙었습니다. 세 마을은 봉은사와 무동도, 닥점으로, 무동도는 한강에 있는 섬이었으며, 닥나무가 많았다 합니다. 그리고 닥점은 무동도에 있던 마을이었다고 합니다.

서울뿐 아니라 전국의 지명을 유심히 들여다보면 지난 역사와 생활사를 알아볼 수 있습니다. 하찮다고 생각하는 곳도 무심히 지나치지 말아야 하겠지요.

## 6

조선의 선인들 중 노블리스 오블리제를 실천한 분이 많습니다. 그중에서 대표적인 네 분인 해남 윤선도, 강릉 이내번, 경주 최부자, 청송 심부자를 만나 보겠습니다.

윤선도 선생의 어부사시사를 기억하지요? 인조 때 해남으로 귀향해서 수십만 평의 황무지를 개간해서 주위 사람들에게 나누어주고 자신은 보길도에서 그림 같은 세연정, 곡수당을 짓고 천수를 누리다 간 풍운아! 멋진 산마루 자락에 세운 낙서재는 풍수에 뛰어났던 그의 면모를 느낄 수 있습니다.

강릉에 가면 효령대군 11대손인 이내번이 1800년 초에 세운 멋진 선교장을 만나볼 수 있습니다. 경포대 앞에 있는 99칸의 선교장은 300년 동안 그 원형이 잘 보존된 전통 가옥으로, 주변의 아름다운 자연과 조화를 이루고 관동팔경 유람하는 조선의 선비와 풍류가들의 안식처가 되었습니다. 만석군인 그의 곳간에는 항상 곡식이 가득하였는데, 흉년에는 창고를 열어 이웃에게 나누어주며 베푸는 선행의 표상이 되었다고 합니다.

청송 심부자는 영조시대 사람인 심처대로부터 9대에 걸쳐 만석꾼을 배출했으며, 3왕후, 13정승, 4부마를 배출한 부잣집입니다. 송소 고택은 최고의 풍수지에 위치해 있으며 현재도 99칸 저택이 그대로 유지되어 손님을 맞이하고 있다 합니다.

경주 최부자는 300년간 12대를 이어 경주 최고의 부잣집으로 살았으며, 신라 요석궁 자리에 현존 최고의 창고

꿈꾸는 노마드

(800석)를 가지고 있습니다.

그 집안에는 육훈(六訓)이 전해져 내려오는데, "과거를 보되 진사 이상의 벼슬은 하지 마라.", "만석 이상의 재산은 사회에 환원하라.", "흉년에는 땅을 늘리지 마라.", "과객을 후하게 대접하라.", "주변 백 리 안에 굶어 죽는 사람이 없게 하라.", "며느리에게 3년간 무명옷을 입혀라."입니다.


7


조선왕조실록이 26년간의 방대한 번역 작업 끝에 완역되었습니다. 이 사료가 14세기부터 19세기까지의 500년을 편년체로 기록·서술하여 한국뿐 아니라 동북아의 역사, 문화를 추적하는데 엄청난 보고가 되고 있음은 주지의 사실이지요.

하지만 아직도 번역 작업이 진행되고 있는 책이 있다는 사실을, 그리고 그 책이 서유구의 '임원경제지'라는 것을 아는 분들은 별로 없는 것 같습니다.

'조선의 브리테니카'라 할 수 있는 임원경제지는 36년에 걸친 긴 기간 동안 조선과 일본, 중국의 의식주 전반에 걸친 방대한 지식을 집대성한 책입니다. 총 113권 54책 250여만 자로 구성되어 있으며, 농사, 음식, 의류, 건축, 건강, 의료, 예술, 지리, 상업 등 다양한 분야를 다루고 있습니다. 6만여 자인 '사서'의 약 40배 분량. 방대하고 난해하지만, 서유구가 태어난 지 2백 년이 지났음에도 아직까지 번역되지 않고 있다는 것은 시사하는 바가 크다 하겠습니다.

'임원'이라는 말은 농촌을 뜻하는 말로 쉽게 이해하면 될 것 같은데, 벼슬자리에서 물러나 직접 농촌에서 농사를 지은 체험을 바탕으로 실제 생활에 바로 도움을 주려는 실용 정신에 입각해 편찬한 저서로 높은 평가를 받고 있습니다.

조선시대에 유배당한 사람은 약 2만 명 정도로 추정되는데, 정약용과 동시대를 살았던 서유구는 당대 조정에서 더 높은 평가를 받았지만(할아버지 서명응, 아버지 서호수, 3대가 대제학을 역임함), 당쟁의 여파에 말려들자 스스로 유배를 떠나 전국을 돌면서 백과사전인 임원경제지를 내놓았습니다.

그는 사대부들의 일상을 개혁한다는 목적을 가지고 있었던 만큼, 사대부에 대한 비판 또한 통렬하게 했습니다. 특히 조선의 백성이 열악한 삶에서 벗어나지 못하는 데는 집권 계층인 사대부의 책임이 있다고 정면으로 도전했습니다. 사대부가 농업기술에는 전혀 관심이 없고, 공업기술에도 마음을 두지 않으며, 굶어 죽을지언정 장사에는 손을 대지 않으려 한다고 지적했지요.

8

조선이라고 하면 서원을 빼놓을 수 없지요.

2019년, 한국의 9개 서원이 '탁월한 보편적 가치(O.U.V.)'를 인정받아 유네스코 헤리티지로 지정되었습니다. 대원군 때 서원 47개소를 남기고 다 철폐했는데, 그 당시 서원의 부패가 극에 달했다 합니다. 또 붕당의 원인이 되기도 했습니다.

유교는 중국의 공자(기원전 6세기)부터 시작하여 중국뿐 아니라 한국, 일본에서 발전했습니다. 나라마다 독특한 법

규와 규범이 잘 보존되어 있는데, 유교의 원형이 가장 잘 남아있고 발전된 사회는 조선이었습니다. 유네스코 유적으로 지정된 서원은 전라도 3곳(논산의 돈암, 장성의 필암, 익산의 무성서원), 경상도 6곳(함양의 남계, 대구의 도동, 경주의 옥산, 안동의 병산, 도산, 영주의 소수서원)인데 거의 다 풍수지리에서 명당으로 치는 배산임수에 자리하고 있습니다. 뒤쪽은 야산, 앞쪽은 강을 바라보는 경치 좋은 곳에 위치하고 있지요.

서원의 문을 들어가면 중앙에는 강학당이 있고, 양쪽에는 기숙 공간이 배치되어 있습니다. 뒤쪽에는 배향공간, 즉 존경하는 분들을 모신 사당입니다. 대체로 그 지방 출신으로 조선조에서 뛰어나다 인정받은 유학자들을 모시고 있습니다. 전체적인 규모는 중국 제남 취푸의 공자 사당에 비해 십 분의 일 정도로 작다고 볼 수 있지만, 자연을 거스르지 않고 자연의 일부가 되는 그런 입지와 서원이 지닌 역사가 유네스코 보존물로 지정된 이유라 생각합니다.

반면 공자 사당은 엄청난 규모로 사람을 기죽게 만들고 공자의 위엄을 보여서 복종하게 만드는데, 자연과 친화적이지 않은 분위기를 느끼게 하지요.

　　　　　　　　　　　　꿈꾸는 노마드

## 9

조선이라는 나라는 과거, 현재, 미래가 전부 유네스코 세계문화 유적으로 지정되었습니다. 조선 왕릉은 조선의 과거, 창덕궁과 후원은 현재, 그리고 종묘는 왕들의 신주를 모신 곳으로 미래의 공간입니다.

유네스코 세계문화 유적 중 한 도시에 이렇게 한 왕조의 과거, 현재, 미래가 전부 지정되어 있는 곳은 서울이 유일합니다. 게다가 도성 사대문에서 백 리(약 40㎞) 내에 거의 모든 유적이 위치하고 있지요. 조선 600년의 역사와 문화를 한눈에 볼 수 있고, 유네스코의 기록유산인 조선왕조실록은 600년을 실시간으로 기록하고 있습니다. 비록 여러 번의 전란을 겪고 일제강점기 36년을 보냈지만, 그럼에도 서울은 세계의 패션과 문화를 주도하는 곳으로 재탄생하고 있습니다. 동북아의 중심으로 다시 태어나고 있는 것이지요.

다시 600년이 지나면 서울이 어떤 모습을 하고 있을지 정말 궁금하군요.

## 5. 기타

*1*

한국에서 현존하는 역사서 중 제일 오래된 도서는 1145년 고려 인종 때 김부식이 저술한 '삼국사기'입니다. 김부식은 대대로 높은 관직을 차지한 문벌 귀족 출신으로 유교적 입장에서 삼국을 통일한 신라의 초기부터 기전체로 서술했지요.

반면 삼국유사는 고려 말 원나라에 국토를 유린당하던 시기, 보각국사 일연이 신라 황룡사와 동양 최고의 목탑인 황룡사 9층 목탑이 불타버린 현장을 찾아보고는 안타까운 마음으로 저술하기 시작한 역사서입니다. 일연은 78세의 고령에 고향인 경북 군위 인각사에서 입적하기 전까지 편년체로 삼국유사를 저술했습니다. 우리 역사의 자주성을 보여주는 최고의 역사서라고 단언할 수 있지요. 단군을 나라의 시조라

　　　　　　　　　꿈꾸는 노마드

고 언급한 점은 우리 역사의 기원을 오천 년 전으로 돌리고, 불국토설에 입각한 불교사관도 잘 반영되어 있습니다. 또한 가락국기의 김수로왕과 인도에서 온 허왕후, 문무왕의 감은사 창건 신화, 풍속 및 설화 등 우리가 잘 아는 야사도 다 이 책에 근거하고 있습니다. 불교에 의한 한국인의 일체감을 강조한 것이지요. 육당 최남선 선생도 두 책 중 하나를 고르라면 당연 삼국유사를 꼽겠다고 했습니다. 국보로 지정된 최고의 고서이기도 하지요.

단군 설화는 우리의 영토가 베이징 지방의 요서와 요동을 포함하는 광대한 지역이었고, 중국의 역사보다 천 년을 앞선다는 것을 보여주고, 한반도 각지의 고인돌(전 세계의 40%를 차지하며 유네스코 세계유산으로 지정됨)도 고조선의 부족국가 시대를 잘 반영하고 있다고 봐야 되겠지요.

## 2

1,700년 한국의 불교 역사 중 현존하는 사찰은 2,000군데가 넘습니다. 또 500개 이상의 절도 절터만큼은 남아있

지요(기록에 남아있는 절). 한국뿐 아니라 중국, 일본에도 많은 사찰이 남아있습니다. 그중에서 죽기 전에 꼭 가봐야 될 사찰을 추린다면 30개 정도일 것입니다.

국가별로 꼽아보자면, 한국의 대표적 사찰은 통도사(불), 해인사(법), 송광사(승), 불국사, 작년에 유네스코 승원으로 지정된 공주 마곡사, 해남 대흥사, 순천 선암사, 안동 봉정사, 영주 부석사, 보은 법주사입니다. 이 사찰들은 한국인이면 꼭 가봐야 될 한국의 대표 승원이지요.

중국의 대표 사찰은 우타이산의 현통사(중국 4대 보살 성지 중 으뜸, 자장스님이 이곳에서 부처님의 전신사리를 가지고 귀국해 한국의 5대 적멸보궁을 창건), 낙양의 백마사(중국 최초의 절), 시안의 대자은사(삼장법사가 창건한 절)라 할 수 있습니다.

일본은 나라의 법륭사(백제 아좌태자와 고구려 담징의 유물이 남아 있는 곳), 동대사(역시 백제인에 의해 조성된 절), 교토의 청수사(きよみずてら)를 꼽을 수 있는데, 교토의 청수사와 더불어 법륭사, 동대사 모두 유네스코 문화유산으로 꼭 한번은 가봐야 할 곳입니다.

중국의 절은 웅장하고, 위압적이며, 그 규모는 사람들을 압도합니다.

일본의 대표 절은 백제인들의 기술과 노하우로 세워져 건물 자체의 아름다움이 뛰어나고 자연과의 하모니의 극치를 보여줍니다.

　한국의 절은 자연과의 균형, 자연과의 일치를 이루면서 풍수와 부합해 기를 듬뿍 받을 수 있는 위치에 지어졌는데, 티베트 불교와 더불어 불교의 원형을 가장 잘 보존하고 있는 승원으로 알려져 있습니다.

# 4

## 꼭 가봐야 할 곳

답사는 일반 여행과는 다릅니다. 일종의 테마 여행이지요.

출발 전 방문지에 대한 사전 공부는 필수입니다. 적어도 방문지의 역사·문화를 50% 이상은 숙지하고 가야 기쁨이 배가 되고, 돌아와서 준전문가가 될 수 있습니다. 그리고 들인 비용의 200% 가성비를 느낄 수 있습니다. 특히 역사나 특별한 주제가 있는 기행은 더 그러하지요. 또 전문가나 동호인들이 함께해야 합니다.

10명, 또는 20명, 국내 당일치기면 40명도 가능합니다. 다만 적당한 비용과 시간의 분배도 필수입니다.

여기서는 지방별로 가봐야 할 곳을 올리고(맛집 포함), 당일 답사, 1박 2일, 2박 3일, 3박 4일~7박 8일까지 시간과 비용에 따라 엮어서 가시면 됩니다. 저의 도움이 필요하신 분은 여사답 카페에 댓글을 달아주세요.

통상 국내 답사의 경우 10명을 기준(스타렉스나 카니발 12인스)으로 당일 5만 원, 1박 2일 15만 원, 2박 3일 20만 원 정도의 비용이 든다고 보시면 됩니다.

해외 답사는(비행기, 비자 별도) 일본 5박 6일 백만 원(10명 기준으로 신칸센 이용, 3등급 호텔, 하루 한 끼 맛집 순례), 중국 7박 8

일 백만 원(20명 기준으로 버스 이용, 4등급 호텔, 하루 한 끼는 맛집 순례) 정도의 비용이 들어갑니다.

| 국가 | 여행지 |
|------|--------|
| 한국 | ① 유네스코 문화 유적지(14곳)<br>② 30개의 사찰, 30개의 섬,100개의 맛집 |
| 중국 | ① 오대산(자장율사)~낙양(의자왕 및 일족의 무덤),백마사~시안(원측, 혜초)~청두(삼국지:위,촉의 무대)<br>② 보타산(의상대사)~항조우,쑤조우~구화산(김교각)~난징<br>③ 란조우~둔황(혜초)~투루판~우루무치(실크로드) |
| 일본 | ①백제 왕족들의 도래지(아스ㅈ카, 나라~오사카~야마구치~후쿠오카)<br>② 조선통신사의 행적(시모노세키~세토나이카이~ 오사카오사카~교토~나고야~에도) |

**각국의 여행지**

신라를 알고자 한다면 경주와 중국의 오대산, 시안, 실크로드(둔황)를 가보도록 하고, 백제를 알고자 한다면 풍납토성, 몽촌토성(천호동), 이성산성(하남), 사비성, 무령왕릉(공주), 부여산성, 정림사지(부여)와 일본의 나라 및 오사카 유적지, 그리고 중국 낙양의 북망산을 가보도록 합시다.

고구려를 알고자 한다면 중국의 집안 지방과 평양을 가보고,

고려를 알고자 한다면 개성에 가봅시다.

조선을 보고 싶다면 창덕궁(후원), 종묘, 동구릉을 가보고, 한국의 불교문화와 한국인의 의식구조를 알고자 한다면 유네스코 문화유산으로 지정된 산사 7개소와 마찬가지로 유네스코 문화유산인 서원 7개소에 가봅시다.

만약 아름다운 한국의 산하를 보고 싶다면 제주도, 부산, 한려수도(통영), 다도해(진도 목포), 지리산, 소백산, 태백산을 가봅시다.

# 1. 절

A:아도화상이 세운 절
B:자장율사가 세운 절
C:의상대사가 세운 절
D:원효대사가 세운 절
E:UNESCO 사찰
F:아름다운 절
G:G에 해당하는 분류가 없습니다.
H:일본의 사찰
I:중국의 사찰

범례

Ⓐ 강화도 전등사(한국 최초의 절), 구미 도리사(F), 김천
직지사

Ⓑ 양산 통도사(불보사찰, E), 오대산 상원사, 영월 법흥사, 태백산 정암사, 설악산 봉정암

Ⓒ 설악산 낙산사, 영주 부석사(E, F), 부산 범어사, 완도 도솔암

Ⓓ 경주 황룡사, 골굴사, 기림사, 여수 향일암, 남해 보리암

Ⓔ 공주 마곡사, 해남 대흥사, 순천 선암사, 안동 봉정사, 속리산 법주사, 합천 해인사(법보사찰), 경주 불국사·석굴암

Ⓕ 예산 수덕사, 고창 선운사, 공주 갑사, 김제 금산사(F), 해남 미황사(F), 지리산 화엄사(F), 팔공산 거조암, 화순 운주사, 설악산 신흥사, 여주 신륵사, 화성 용주사, 북한산 승가사, 북한산 진관사, 양평 수종사, 순천 송광사(승보사찰), 사천 다솔사, 오대산 월정사

Ⓖ 나라 법륭사(E), 동대사(E), 교토 청수사(E), 금각사

Ⓗ 오대산 현통사(E)(문수보살 성지, 자장율사), 절강성 보타산(관음보살 성지, 의상대사), 안후이성 구화산(지장보살 성지, 김교각 스님), 쓰촨성 아미산(보현보살 성지), 낙양 백마사(중국 최초의 절, E), 시안 대자은사(혜초스님, E)

# 2. 고택

E:UNESCO

범례

○안동 하회마을/경주 양동마을(E)

○대구 옻골마을 백불고택(최부자)

○청송 송소고택(심부자)

○아산 맹사성고택

○해남 윤선도 녹우당

○강릉 이내번의 선교장
○구례 유이주 운조루(명당)

일본

○효고현 히메지성(E)
○큐우슈우 구마모토성
○오사카 오사카성

　　　　　　　　　　　　　꿈꾸는 노마드

# 3. 서원·향교

E)UNESCO

**범례**

한국

○논산 돈암서원(E)
○김제 무성서원(E)
○장성 필암서원(E)
○함양 남계서원(정여창 선생, E)
○대구 도동서원(김굉필 선생, E)
○경주 옥산서원(이언적 선생, E)

○안동 병산서원(유성룡 선생, E)

○안동 도산서원(이퇴계 선생, E)

○영주 소수서원(E)

○광주 향교

○수원 향교

○나주 향교

중국

○산동성 공자서원·사당·림(E)

# 4. 섬

○백령도/대청도

○영종도/모도/시도/신도

○강화도/교동도/석모도

○덕적도/덕적군도

○대부도/선재도/영흥도

○안면도

○고군산군도

○신안/임자도/증도

○압해도/암태도/자은도

○흑산도/홍도

○추자도

○제주도

○진도/하조도

○완도/노화도/보길도/청산도
○통영/한산도/연화도/욕지도
○울릉도/독도

꿈꾸는 노마드

# 5. 전국 맛집

서울

○홍대 낙지수제비 02-333-2689

○서소문 대가(생선구이) 02-755-3732

○강남 파샤(터키) 02-593-8484

○서강대 거구장 02-715-3611

○공덕동 채움(한식) 02-718-0075

○동대문 뿌자(인도) 02-2274-2292

○마포 숯불갈비 02-304-7733

○홍대 백년토종 삼계탕 02-324-6229

○이태원 봄베이(말레이) 02-792-7155

○을지로 한일관 02-6353-8977

○강남 삼원가든 02-548-3030

○신촌 서왕만두 02-313-8868

○신당동 아이러브떡볶이 02-2232-7872

○역삼 김양(양꼬치) 02-596-5945

○인사동 오세계향채식 02-735-7171

○명동 토다이뷔페 02-3783-4200

○명동 고기야 02-774-9292

○명동 하동관(곰탕) 02-02-776-5656

○코엑스 하동관 02-551-5959

○경찰청 하이비스 02-577-3434

○강남 토담골 02-548-5121

○연희동 목란(중식) 02-732-1245

○연희동 시오(일식) 02-3144-6919

○천호동 초밥의 신 부타 050-71417-9788

○하남 마방(한정식) 02-791-0011

강화도

ㅇ전등사 남문식당 032-937-1199

ㅇ호산정 032-932-8592

ㅇ고려궁지 왕자정묵밥 032-933-7809

ㅇ비거 히어로(수제버거) 032-937-1577

ㅇ용궁횟집 032-937-9797

부산

ㅇ범어사 풀내음 051-508-3020

ㅇ자갈치 뷔페 051-256-9111

ㅇ자갈치횟집 051-246-5129

ㅇ큰섬해물탕 051-244-5003

ㅇ해운대 금수복국 051-742-3600

ㅇ해운대 펀자브(하랄) 051-731-1947

ㅇ해운대 박옥희 원조복국 051-747-7625

○해운대 기와집 대구탕 051-731-5020
○금정구 느루한정식 050-71407-6460

○첨성대 구로쌈밥 054-749-0600
○불국사 청룡식당 054-746-8763
○동백숯갈비 054-774-5555
○한정식명가 054-742-4284
○보문뜰(떡갈비) 054-775-8251
○숙영식당(찰보리 정식) 054-772-3369
○신라회관 054-749-7727

○제주마당 064-749-5501
○서귀포 거부한정식 064-762-4115

꿈꾸는 노마드

○동문올레식당 064-752-5657

○성읍 큰하루방 064-787-2464

○서귀포 백록회관 064-782-8002

○제주밥상 하와이옆 064-746-6001

○탑동 대진횟집 064-758-7017

○표선 당케 칼국수 064-787-0590

○표선 수산마트횟집 064-787-2380

대구

○들안길 소풍가 053-767-0088

○동성로 산 053-257-9998

○안압정 053-742-3369

○법원 쪽 상락 050-71494-1143

부여

○백리향 041-837-0110

○구드레솟밥 041-836-9259

○공주 궁중칼국수 041-858-2397

순천

○벽오동보리밥 061-743-5669

○뜨락(오리) 061-746-8592

○싸목해파랑 061-742-3939

보성

○봇재가든 061-853-5700

○선암사 장원식당 061-754-6362

○송광사 광신식당 061-755-2555
○여수 황소게장 061-642-8007

○뚜꺼비게장 061-643-1881
○땅끝마을 해창주조장 061-532-5152

○죽녹원첫집 061-381-4021

○풍남정 063-285-7782
○한옥마을 궁한정식 063-227-0844
○한옥마을 교동떡갈비 063-288-2232

**수원**

○고향촌 031-283-7788

○청학동 칼국수 031-544-2088

○팔도반상 031-214-8840

○행궁동 춘천집(닭갈비) 031-248-1998

○교반식당(정식) 031-217-0725

○매탄동 서린낙지 031-215-5725

○영통 양푼애등갈비 031-202-9638

○영통 남원추어탕 050-71408-1777

**속초**

○속초 대포항 대게사랑 033-633-0155

○속초 일출봉횟집 033-635-2221

꿈꾸는 노마드

**원주**

○시골밥상 033-762-7898
○사계절 가든 033-746-8952

**평창**

○산따라물따라 033-344-2343
○한우마을 033-334-9777
○황태회관 033-335-5795

○대교식당(마늘밥) 043-423-4005
○장회마루(마늘솟밥) 043-423-3131

○영남식당 043-543-3924

○어라생선구이 043-848-0581

○남구 울산복집(일본) 052-911-6969
○동구 하이루 052-252-4004
○중구 대밭숯불장어 052-235-9283
○언양 3대째삼오불고기 052-264-3535

○든담한정식 054-333-2143

○동해해물찜 054-283-0144

기차

○대둔산 전주식당 063-263-4252

○문경새재 청포묵밥 054-572-2255

○동막골 054-556-8283

○새재 할매집 054-571-5600

# 결언

저자는 평범한 보통 사람으로서 이제 60세 중반을 넘겼습니다. 저의 과거와 지난 십 년의 투어 경험을 여러분과 같이 돌아보고자 이 글을 씁니다. 그리고 향후 친지 및 후배님들에게 보탬이 될 답사나 카운셀링을 같이하며 여생을 보낼까 합니다.

저자는 역사를 전공하지 않은 자로, 혹 연대가 잘못되었다든지, 정확하지 않은 고증이라든지, 또는 여러분의 정서에 반하는 글이 있더라도 양해해주시기를 부탁드립니다. 그리고 되도록 가벼운 마음으로 읽어 주시기를 바랍니다.

바라건대, 이 글이 조금이라도 독자님들의 인생에 도움이 되었으면 하는 바람입니다.

감사합니다.

꿈꾸는 노마드

꿈꾸는 노마드